片山立志 著
葛城かえで シナリオ制作
大舞キリコ 作画

マンガで やさしくわかる 貿易実務
Import Trade
輸入編

日本能率協会マネジメントセンター

はじめに

　本書は、輸入の貿易実務をメインにわかりやすくマンガで学んでいただくものです。今回は、貿易実務の「ぼ」の字も知らない主人公である瑞希さんが、上司のパワハラに負けずに、ちょっとあやしい貿易コンサルタントのマイクに助けられ、無事、会社の新規事業である輸入部門を立ち上げるというストーリーです。マンガのストーリーを読み、私の解説本文を読んでいただくことにより、輸入貿易のしくみが見えてくると思います。

　まずは、輸入貿易のしくみの全体像を見ていただきます。貿易は、国際間の売買取引です。そのため、国内取引とは、異なるいろいろなリスクが存在します。貿易実務を学ぶことにより、貿易を行う際のリスクを最小限に押さえることができます。これらは、先人たちの知恵と経験から生まれた「しくみ」です。この「しくみ」は、貿易環境の変化にあわせ、改良されていきます。つまり、貿易実務の「しくみ」は、経済活動の中で生命力を有するもの、生きているものだとイメージするといいでしょう。ですから、環境の変化に順応しながら将来に向かってあり続けるのです。

　ところで、環境の変化に順応という場合、色を変えるのか、形を変えるのか、いろいろな順応の仕方があります。つまり、この順応は、「オリジナル（原形）」に対し、その何か（色や形など）を変えていくのです。そのため、この「オリジナル（原形）」を知っておかないと応用が利かないのです。本書は、この「オリジナル」にあたる部分を瑞希さんと共に学習していただこうと考えました。これが「基本」となるわけです。

　輸入をテーマに書きましたが、輸入は、輸出と異なります。輸入商品は、国内で使われるものですから、消費者などの需要者に売る

はじめに

　ためのマーケティングは、国内を対象としたものです。商品も日本の風土にあったものを提供しなければなりません。また、国内の法令で定められたさまざまな規定を遵守しなければなりません。さらには、関税や消費税などの税金も課されます。輸出の場合とは異なり、輸入者は納税義務者としての税務知識も必要です。

　また為替リスクの観点から言えば、輸入の場合、円高水準であれば、いいのですが、円安傾向になるとリスクが高まります。輸出の場合と真逆です。このような輸入独特の考え方をお話ししていきましょう。

　輸入実務について間もない方、これから輸入を考えている方、貿易実務検定を挑戦したい方など本書を活用していただきたいと思います。

2017年3月吉日

片山立志

マンガでやさしくわかる 貿易実務 輸入編

C O N T E N T S

はじめに ……………………………………………………………………… 2

Prologue

貿易と輸入 ……………………………………… 7

Story 0 はじめての輸入は泥船出航!? ………………… 8

- ① 貿易の流れ ………………………………… 20
- ② 輸入とモノ・カネ・カミ ………………… 22
- ③ 貿易取引のリスク ………………………… 24

Part 1

輸入商品・取引先の選定 ……………… 25

Story 1 商品選びと戦略 ………………………………… 26

- ① 取引先を探す ……………………………… 46
- ② マーケティング戦略 ……………………… 48
- ③ 競争戦略 …………………………………… 57

④ 輸入の損益分岐を考える ……………………………… 60
⑤ 取引先の確定 ……………………………………………… 64

COLUMN ①
国内産業保護と関税 ………………………………………… 66

Part 2

輸入の取引・契約・手続き …… 67

Story 2 契約バトルの相手 …………………………… 68

① いろいろな形態の貿易取引 …………………………… 90
② 貿易契約 …………………………………………………… 94
③ インコタームズ ………………………………………… 100
④ 貨物海上保険 …………………………………………… 108

Part 3

貨物の引取りと通関手続き …… 113

Story 3 貨物が受け取れない！ ……………………… 114

① 決済および通関と貨物引取の流れ ………………… 136
② 信用状（L/C）の発行 ………………………………… 138
③ 貨物の受取り（荷受け） ……………………………… 145
④ 輸入通関 ………………………………………………… 151

⑤ AEO制度 …………………………………………… 158
⑥ FTAの活用 ………………………………………… 160

Part 4

代金決済と外国為替 …………………………………… 163

Story 4 決済の決裁 ………………………………………… 164

① 代金決済 …………………………………………… 184
② 外国為替相場の基礎知識 ………………………… 192
③ 為替変動リスクの回避 …………………………… 199

COLUMN ❷

関税率表は、複雑怪奇？ ………………………………… 201

Epilogue 世界でビジネス！ ……………………………… 202

付録　輸入で使う貿易書類 ………………………………… 206

Prologue

貿易と輸入

Story 0　はじめての輸入は泥船出航!?

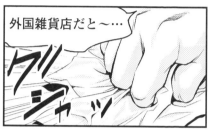

① 貿易の流れ

　突然、輸入の仕事を任されるようになってしまった瑞希さんですが、マイクのような人に手伝ってもらえない限り、どんな人でもいきなり一人で輸入をできる人はいないでしょう。

　簡単に輸入といいますが、そこにはさまざまなルールや手順があります。まずは、「そもそも貿易とは、輸入とはどういったものか」ということから学んでいきましょう。

　「貿易」とは**異なる国同士で物品の売買取引を行うこと**をいいます。そして、外国に物品を売るのが「輸出」、外国から買うのが「輸入」です。本書では1章からこの輸入について学んでいきます。この「貿易」の取引については、国同士のさまざまな違いから各業務にトラブルが起こらないように、条約や法律、国際機関による規則などが定められており、それらを守りながら業務を進めることが必要です。

　右の図が大まかな貿易の流れです。①の売買契約に始まって、ちょうど⑯の矢印が「外国貨物の引渡し」となり、輸入の完了となります。そこに至るまでにさまざまな道を経て、輸入貿易が行われるのがわかるかと思います。こうした手順を円滑に進めるための各種手続きの実務を行うことを「貿易実務」と呼んでいます。輸入の場合、さらにこの前段階として市場調査などがあり、そこから売買契約を結んで貿易取引が始まり、代金の決済、貨物の受取と進んでいくのが主な流れなのです。

プロローグ

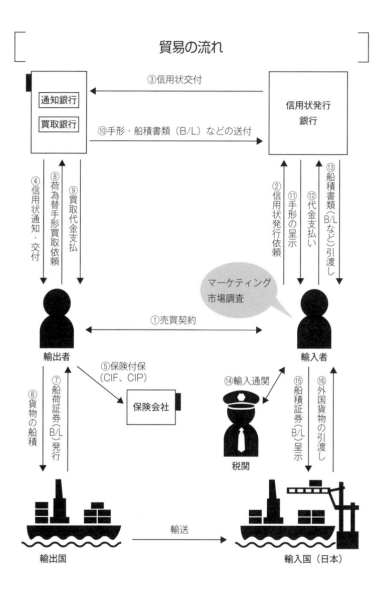

② 輸入とモノ・カネ・カミ

「貿易」は、国際間の売買契約により行われるものです。この売買契約が成立すると、契約に基づいて**モノ**、**カネ**、**カミ**が国際間を流れます。この「モノ、カネ、カミ」が貿易取引の流れを理解するキーワードになります。では輸入において、それらが国際間を実際にどう行き来するのかをもう少し具体的にみてみましょう。

モノとは、輸入する貨物のことです。貨物（モノ）は、輸出者から輸入者へ流れます。貿易契約に沿って、輸出者により貨物（モノ）は輸出港で船積みされ、日本に向けて出発します。

日本に貨物（モノ）が到着すると、いよいよ輸入者の出番です。現在、多くの貨物がコンテナ船で運ばれていますが、そのコンテナ船を迎えてくれる波止場が、コンテナヤード（CY）と呼ばれる場所です。貨物（モノ）は、ここから日本の市場へと流通していきます。コンテナ・ヤード（CY）に到着した貨物は、コンテナ船から通称キリンと呼ばれるガントリー・クレーンで降ろされ、輸入者の元に運ばれて、市場に流通するのです。

貨物（モノ）の流れには、主に船会社、航空会社、荷役業者などがかかわります。国際貿易の場合には、輸出国、輸入国においてそれぞれ、税関による検査などがあります。

次に**カネ**です。つまり、商品代金を国境を越えてどのように支払うのかという**決済資金**の流れです。輸入の場合、買手である輸入者が売手である輸出者に、モノの代金を支払うわけです。この場合、現金そのものが流れるということはほとんどありません。ジュラ

ルミンケースに札束を入れて決済に臨むことは、まずありません。では、どうするのかと言うと、多くは**為替**というしくみを使うのです。

為替というのは、現金そのものを動かすのではなく、**資金移動の指図**を行うことにより資金を移動させる方法です。例えば、**送金**による決済の場合も、これから学ぶ**信用状（L/C）**を利用した決済の場合も皆、この**為替**という方法を利用しています。

このように、カネの流れは、国際間の為替（**外国為替**）のしくみを学ぶことにより理解できるのです。

そして、**カミ**の流れです。この紙の流れは、貿易書類の流れで少々複雑です。**契約**、輸出者による**船積準備**、**輸出通関・船積**、**輸入通関**、**貨物の受取**、外為法による**輸入（承認・許可）申請**など、それぞれの場面で書類が作成され、流れます。つまり、契約から始まり、船積手配、輸出入通関を経て、市場に流通させるため必要な書類がカミなのです。カミは、モノやカネの流れの潤滑油のような役割を担っています。作成する書類の数も多くあります。しかし、近年は、タイプで書類を作成することに代わり、電子情報処理組織を利用してやり取りが行われる場面も増えてきました。例えば、輸入通関の際には、輸出入・港湾関連情報処理システムであるNACCS（ナックス）が利用され、ペーパレスで業務が流れています。カミの流れから情報の流れに置き換わっています。このような傾向は、さらに強まっていくでしょう。

③ 貿易取引のリスク

　貿易は、海外の業者と取引をするのですから、いくら素敵と言っても国内取引には、あまり見られないリスクも伴ってきます。「納期に間に合いそうもない」「輸入した商品が傷だらけ」「貨物を開けてみたらすべて偽物だった」ということだって起こり得るのです。

　実は、貿易実務を勉強するというのは、結果としてこのようなリスクをいかに軽減していくかを学ぶことなのです。まずは、本書でこのグローバルなしくみやルールのABCを学んでいき、これから先のいろいろな経験のための基本知識としましょう。

貿易取引の特徴とそのリスク

	貿易取引の特徴	リスク	
契約の リスク	取引相手の情報をあまり持っていない	・取引相手の信用に不安がある	信用リスク
		・本当に契約どおりの商品が届くか不安	商品入手のリスク
輸送の リスク	輸送距離が長く、時間がかかる	・輸送途上の貨物の変質・損傷や、事故に対する不安がある	貨物の輸送上の事故リスク
		・前払いだと輸入者の商品入手が代金支払いより遅れ、後払いだと輸出者は商品出荷後の代金回収が遅れる	資金負担のリスク
経済的 リスク	通貨が異なるため、代金決済が複雑	・通貨の交換が必要となる	為替変動リスク
		・本当に代金が支払ってくれるか不安	代金回収リスク

Part 1

輸入商品・取引先の選定
Story 1　商品選びと戦略

商品戦略（Product）は
お客様が求めている商品の
機能やサービス、ラインナップ
パッケージなどはどんなものか

こんなのが
あったら
いいなぁ

なるほど！

価格戦略（Price）は
いくらで売り出すと
最大限の利益がでるのか

販売促進戦略（Promotion）は
お客様に
どのように訴求するのか

流通戦略（Place）は
どのように調達し
どれくらいのペースで輸入し
在庫はどのように保管するかなど

これらを駆使して
日本の中で
商品の需要とか

いくらでどのように
販売していくのかなどを
戦略をねらなければ
なりまセーン

わあっ…大変　　…商品選定って
　　　　　　　　むずかしいんですね

その通りデス

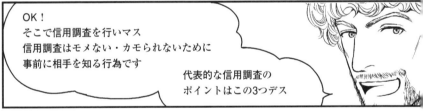

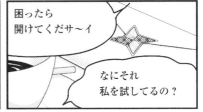

① 取引先を探す

「海外と取引をする」なんて、とても夢のある話ですね。

自分の気に入った商品を日本に輸入し、商売を始めるなんて素敵なことです。今は、海外旅行もずいぶん安く行けるようになりました。ですから、直接、現地に赴いて買い付けをするというのも夢ではないと思います。しかし、利益を出さなければビジネスとして成り立ちません。しっかりとした調査なしの輸入は、マイクが言っているように「海図を持たずに航海にでるようなもの」ですから、その検討をしっかりとすることが輸入成功の鍵となります。

右の図は取引先の選定までのフローです。

貿易では輸入者をバイヤー（Buyer）、輸出者をセラー（Seller）といいます。バイヤーのあなたは、輸入しようとしているものが、本当に売れるものなのか、消費者に必要とされているものなのか、需要を喚起すれば相当数売れるものなのか、気になるでしょう。いくら無事に輸入出来ても、その商品が売れなければ大きな損失になってしまいます。自分がいいと思っても売れない、ということは多くあります。また、取引先は本当に信用できる相手かという不安もあります。

そうしたことを回避するために、市場調査、取引見込み先の信用調査、輸出国情報など、輸入する商品に対して日本で売ることができるかどうかを調査する必要が出てくるのです。国内で競争相手になるのはどこの商品か、また、どのようなチャネルで販売していけばうまくいきそうなのか。値入はどうするのか、市場はブルーオーシャンなのか、など日本国内での市場調査は重要です。この市場調査の結果を参考に、輸入して採算が合うかを判断していきます。

Part1 ● 輸入商品・取引先の選定

取引先選定までの流れ

STEP 1　商品の発掘と市場調査
- 日本国内の調査
- 商品と国内の法規制の調査
- 商品と外国の輸出規制の調査
- 輸入した場合の損益の予測（シミュレーション）
- マーケティング計画

How to ?
〈商品の発掘〉
➡ 国内外の展示会で発掘
➡ 海外の小売店で発掘
➡ インターネットを利用して発掘
➡ 海外雑誌で発掘
➡ 人材を利用して発掘

STEP 2　取引先の発見
- 自社の取引先にふさわしい候補をリストアップする

How to ?
〈市場調査・取引先の発見〉
➡ 関係業界や専門商社などからの情報収集
➡ 大使館や商務部、JETRO、ミプロなどの貿易関係機関のサイトを調べる
➡ 貿易や生産統計資料などを調べる
➡ 調査機関に市場調査を委託
➡ 専門のコンサルタントを起用する

STEP 3　信用調査
- 絞り込んだ候補先の信用状態の調査
- Character / Capital / Capacity (3C)

How to ?
〈調査方法〉
➡ 銀行照会による商業興信所を利用する
➡ 同業者に照会する
➡ 海外商社名簿を利用する

STEP 4　取引交渉
- リストアップされた候補先と交渉し、契約に向けた具体的交渉をはじめる

How to ?
〈取引交渉〉
➡ Offer（申込）とCounter Offer（反対申込）により、内容を煮詰めていく。ファームオファー※も活用
※ファーム・オファーとは申込に対する回答期限を決め、その日を経過した場合、申込みが無効になること

STEP 5　取引先の選定
- 取引の相手方が確定する

47

② マーケティング戦略

　輸入ビジネスで成功するためには、計数管理が必要です。そして、またビジネスを成功に導くしくみづくりであるマーケティング戦略も重要です。

　輸入の場合、海外商品が日本で売れるものかどうか、をしっかりリサーチしなければなりません。そのためには、日本国内のマーケティングが欠かせません。市場調査により、「モノ」を商品化したり、これを市場でどのように販売していくのかなどを練ります。

　基本的には、**商品（Product）、価格設定（Price）、流通（Place）、販売促進（Promotion）**の戦略を立てます。これらを頭文字のPをとって、**マーケティングの4P**と呼んでいます。それぞれの戦略については以下で説明しますが、これらの戦略を組み合わせ効果的な方法をとります。これを**マーケティング・ミックス**と呼んでいます。

1 商品戦略

　外国のその商品を日本の市場に持ってきた場合、果たして商売として成り立つのかを考えます。外国では非常に人気があり、一見素晴らしい商品でも、そのままでは日本人の嗜好、規格、サイズ、品質、デザインが合わないことはよくあります。このような場合、日本人のニーズ、ウォントにあった商品に改良する必要があります。開発輸入の可能性も探る必要もあるでしょう。さらには、外国製品を自社ブランドにして輸入したいという場合には、OEM輸入も考えます。また、商品のライフサイクルも考慮します。輸入の商品戦略は、日本国内での戦略なのです。

マーケティング・ミックスの4要素（4P）

Product
商品戦略
- 機能
- 性能
- スタイル
- サイズ
- ブランド　など

Price
価格戦略
- 小売価格
- コストプラス
- 需要志向型価格
- 競争志向型価格
- 心理的価格
など

Place
流通戦略
- 取引相手
- 販売地域
- ロジスティクス

Promotion
販売促進戦略
- 広告・PR
- パブリシティ
- 人的販売
- プロモーション
など

中央：マーケティング・ミックス

2 価格設定

コスト（費用）の面から採算性をベースに、競合他社の状況や市場の動向を考え、売れる価格を設定します。

輸入品の価格設定の一般的なやり方に「**コストプラス方式**」があります。

次のように外国の商品が国内の小売業者にわたるまでの諸費用をだし、小売価格を算出する方法です。もっともこの方法は、輸入者だけの視点で設定された価格なのですが、輸入品のコストを知る上で、重要な方法です。

具体的にどのような費用が加算されるのでしょうか、見てみましょう。

❹日本に貨物が到着するまでの価格

日本に貨物が到着するまでには、貨物自体のコストのほかに運送関連費用や海上保険料がかかります。これらの費用をすべて入れた価格（CIF価格またはCIP価格）を算出します。

❺税金等

日本市場に引き取るには、輸入税（関税・消費税・地方消費税など）が課税されます。

❻日本、到着後の荷役費用等

貨物が日本に到着すると船から荷卸しし、保税地域であるCY（コンテナヤード）や倉庫に搬入されます。このときに陸揚げ費用。倉庫保管料、検査料、保税運送費用、通関に係る費用が発生します。

❼輸入業者の経費や一般管理費

輸入業者の通信費、銀行借り入れの金利、人件費などの費用、輸入者利益など諸経費がかかります。

コストプラス方式

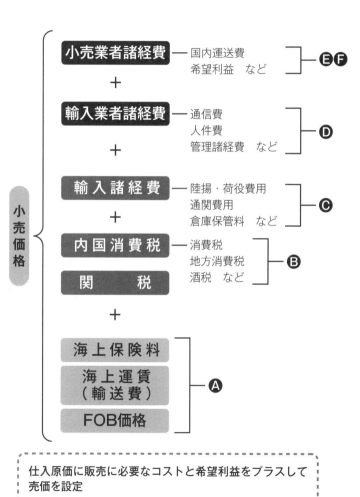

仕入原価に販売に必要なコストと希望利益をプラスして売価を設定

❺小売業者の経費や一般管理費

　小売業者の手に渡るまでの国内輸送経費などが発生します。

❻小売業者の利益

　❶から❺までが小売業者にとって仕入原価になるわけです。これに利益分（値入額）を加算します。この値入額は、仕入時に計画した利益額です。

　価格設定の戦略は、どの程度の利益を確保して最終的に価格を設定するかが重要です。

　コストプラス方式は、あくまで、小売業者のコストだけを基準とした価格設定です。戦略として、コスト、需要、競争を総合的に判断することや、より利益を確保するためにコスト削減もあわせて行うことが必要となります。

　それでは、価格設定の総合的な判断をするための要因は他にどのようなものがあるのでしょうか？　コストは、輸入者側の内部要因です。内部要因にはこのほか、マーケティング・ミックス要因、マーケティング目標、経営資源要因があります。例えば、輸入商品が食料品や日用品などの最寄品なのか、家具などの耐久品や趣味用品などの買回品なのか、宝石などの専門品か、という製品の種類や特性などを考慮することはマーケティング・ミックス要因の一つです。またマーケットシェアでの最大化を狙うのか、利潤の最大化を狙うのか、というのがマーケティング目標です。そして設備、ノウハウなどその企業そのものの経営資源（リソース）なども価格設定の要因になります。

　一方、国内の需要、市場、競争、法的規制などの外部要因も存在します。これらは価格設定の上での要因になります。

また、コストプラス方式の他には以下のようなものがあります。

　まず、消費者がその商品に対してどのくらいの価値を認めているかという視点で決定するのが**需要志向型価格設定法**です。
　消費者は、その商品の必要性の大小や自分が負担するコストと、それによって得られる価値を比較考量し、コストより商品価値の方が大きいと思ったときにその商品を購入します。
　この消費者行動からわかるように、品質やサービスに加え、価格も消費者を満足させるものでなければなりません。消費者が商品やサービスに求める価値を追求し、消費者に満足感、充実感、安心感、納得感を与える価格設定方法が、一般的です。
　次に、競争企業が設定している価格を参考に、同レベルの価格にしたり、追随したりする方法が**競争志向型価格設定法**です。あくまで、競争企業の価格を重視する方法で、コストや需要を考慮しないやり方です。
　さらに、コスト、需要、競争の要素の他に心理的な要素を加味して価格を設定する**心理的価格設定方式**もあります。特に、高級品などについては、消費者に品質の良さを印象付けるために高価格を設定することがあります。これを**名声価格**と呼んでいます。

3 販路（流通チャネル）

　流通チャネルは、商品を消費者の元に届けるための経路のことをいいます。
　日本では、販売商品が小売業者にたどり着くまで外国とくらべ多くの段階を経ることに特徴があります。輸入製品が、一次問屋（卸売業者）から二次問屋（卸売業者）を通り、小売業に渡り、消費者

の元にたどり着くというわけです。

輸入者が直接、消費者に販売する方法には、どのようなものがあるでしょうか。

①アンテナショップを構える（店舗）
②訪問販売、カタログ販売、マス媒体による通信販売、インターネットによる通信販売を行う。

みずきさんは、新規事業としてアンテナショップを構える計画なのでしょう。アンテナショップの場合、直接販売により消費者の生の声を聞くことができますし、消費者の購買動機を直接知ることができ、マーケティング戦略を行う上で重要な情報になります。

また、輸入者自身が販売代理店を募集し、そこを通して販売するとか、あるいは輸入者が**フランチャイズ・チェーン**をつくり、フランチャイジーを募集し、全国展開するというようなことも考えられます。これらの方法ですと、コストを抑えて販売場所を拡大することができるという特徴があります。もっとも、代理店やフランチャイジー（加盟店）に加盟したいと思わせるには、相当に魅力的な商品であり、付加価値がなければならないでしょう。そして、また他社と差別化できるような商品とサービスでなければなりません。

❹ 販売促進

商品の存在や効用・利点などをコミュニケーションによって、市場・顧客に伝達し、顧客のニーズに訴え、潜在ニーズを掘り起こすのが、販売促進（プロモーション）です。販売促進戦略には、プル戦略とプッシュ戦略があり、これらを巧みに混在させています。

Part1 ●輸入商品・取引先の選定

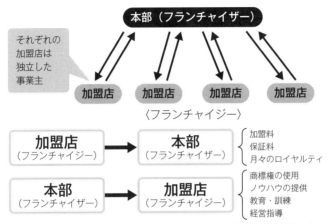

本部は加盟店を拡大することにより、利益を上げることができる。

❹プル戦略

　消費者の**指名買い**を促進させる戦略です。この戦略は、**ブランド選好**があり、**差別化**しやすい製品にはもってこいの戦略です。

　具体的には、マス媒体を使った広告、インターネット広告、パブリシティがあり、さらにはこれらを補完するダイレクトメール（DM）、チラシ広告、ポスターなどを使用し行います。また最近は、SNSや口コミサイトを活用している例もあります。

　さらに、ニュース性、話題性のある商品であれば、ニュースや記事で取り上げられることもあります。これがパブリシティです。

　このような手段を使い、どのように消費者に指名買いしてもらえるか戦略を練るのです。

❷プッシュ戦略

　直接、**人的販売**を通し消費者に製品を販売していく戦略です。差別化しにくい製品などについて行われるものです。人的販売は、次のような業務により行われます。

◎販売創造業務
　新規顧客を開拓し、さらには需要を創造するものです。
◎販売維持業務
　既存顧客との関係を維持し、リピート需要を確保するものです。
◎販売支援業務
　例えば、輸入商品を代理店を利用して販売するような場合、自らも代理店のために支援し、援助するものです。
◎技術・専門的業務
　顧客の要求に応じて専門家が訪問し、顧客の抱える問題を解決するもので、一般にセールス・エンジニアと呼ばれています。

　小売業の場合、イベントで集客し、デモンストレーションを行い、さらに購入する顧客にプレミアムをつけたりするのがプッシュ戦略です。そのほか、小売店の場合、陳列も重要です。視覚的効果を狙った陳列（ビジュアル・マーチャンダイジング）により、商品のコンセプトを訴えることも重要です。
　これらのプル戦略・プッシュ戦略を組み合わせ効果的なプロモーションを行います。

③ 競争戦略

1 競争優位性を築こう

輸入商品が**ブルー・オーシャン商品**であれば、競争相手もいないので、とりあえずは先行メリットが見込めます。

もし、この商品が日本の消費者にマッチし、爆発的に人気商品になったとしましょう。そうすると、どこからともなく同業者、類似する事業を行っている者、内部の者などが、参入を狙ってきます。ヒット商品には顧客だけではなく、いろいろな所からいろいろな業者が集まってきます。

また、輸出元から原材料の高騰などを理由に値上げを要求されたり、買手から品質・サービスの向上について要求されたりします。

そこで必要なのが、彼らの参入や要求をいかに阻止するのかということです。つまり、競争障壁をいかに築くかが、需要なポイントになります。できるだけ高い壁を作り、簡単に乗り越えられないようにします。

技術、デザイン、付加価値などで**独自性**を発揮し、他社との**差別化**を鮮明に打ち出し、競争優位性を獲得することや特許権、商標権、意匠権などの**知的財産権**の国内の専用実施権を取得するなど、**独占的な地位**を取得することも有効に働くでしょう。

また、低価格戦略を実現したり、市場を細分化して特定の顧客、地域に集中することにより、**競争上の優位性**を高めることも考えられます。

5つの競争要因

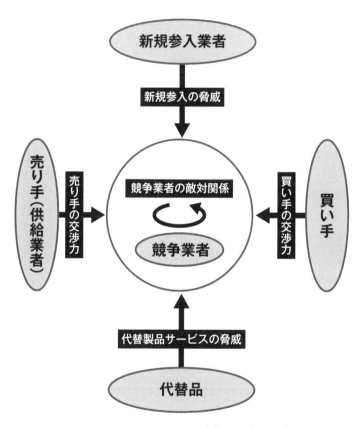

出典:M.E ポーター『競争優位の戦略』

2 競争市場戦略

著名なマーケティング学者であるコトラーは、市場における企業の相対的な規模、地位、マーケティング戦略との関係から企業を4タイプに分けそれぞれのとるべき戦略を述べています。自分の立ち位置を知って戦略を練るうえで、大変重要な理論です。

4タイプの企業とは、競争環境の中で最大のシェアを有する**リーダー型企業**、リーダー企業を追従し、リーダーの地位を狙っている**チャレンジャー型企業**、競争環境の中で、すき間を狙って特定の市場の中で自社の地位を築き上げようとしている**ニッチャー型企業**、リーダー企業を追跡はしているもののリーダー企業に挑戦しようということはせずに、リーダーの模倣を行っている**フォロワー型企業**です。

たとえば、ニッチャー型企業の場合、大企業と競争を行うのではなく、大企業が手を出さない、いわゆる「すき間」市場を対象とし、集中化戦略により運営し、大きな成果を上げようとするものです。

競争地位別の競争対応戦略

競争地位	競争対応戦略	市場目標
①**リーダー型企業** （競争環境の中で最大のシェアをもつ）	全方位型戦略	最大マーケットシェア、名声、最大利潤
②**チャレンジャー型企業** （競争環境の中で2～3位に位置し、常にリーダーの地位を狙って挑戦）	差別化戦略	マーケットシェアの拡大
③**ニッチャー型企業** （すき間を狙って特定市場の中での自社の地位を築き上げようとしている）	集中化戦略 （他の地位の企業との直接的競合を避ける）	利潤、名声
④**フォロワー型企業** （リーダー型企業などの戦略を模倣）	模倣化戦略	生存、利潤

④ 輸入の損益分岐を考える

1 利益の構造

　輸入ビジネスを行う場合、ビジネスとして成り立つのかどうかを十分に検討する必要があります。

　たとえば、小売業の場合、輸入品の原価に値入をして販売するわけです。この場合、値入額が利益の予想額です。輸入原価500円のものに値入分200円をプラスして700円を売価にした場合、200円が予想利益です。

　輸入品すべてが売り切れれば、値入額がそのまま利益になると考えていいでしょう。しかし、現実には、売れ残りが発生したり、商品にキズがついたり、さまざまなロスが発生する可能性があります。

　売上高から売上原価を差し引くと粗利益が算出されます。この売上原価は、輸入品が小売業者の手元に着くまでの費用と考えてください。そこで、1,000万円の原価の輸入品に500万円の値入れをし、1,500万円で販売する計画を立てました。計画通りいけば、500万円の利益が発生します。

　しかし、1,000万円分の輸入商品が、当初の値段ではなかなか売れず、1,400万円で販売することになりました。それでも5分の1が売れ残り、廃棄処分を余儀なくされました。

　この場合、売上高は、1,400万円の5分の4である1,120万円です。あとの輸入品は、廃棄してしまったのですから、在庫はなしです。**値下げロス**と**廃棄ロス**が発生したわけです。これらのロスは、商品の売上原価からは控除せず、そのまま**売上原価**の中に含め、**粗利益**

を計算します。

　つまり、売上高1,120万円－売上原価1,000万円＝120万円となり、値入段階の利益の予想額は500万円でしたが、実際の粗利益は、120万円ということになるのです。しかし、マイナスにならなかっただけよかったという事例です。

　もっともこれは、粗利益の段階での話です。粗利益は、**売上総利益**と同じです。さらに、人件費や地代・家賃、広告宣伝費、消耗品などの**販売費及び一般管理費**がかかり、これを差し引いたのが**営業利益**です。これらの費用が、120万円未満なら営業利益は、かろうじて黒になりますが、超えていたら、赤が出てしまいます。輸入する場合の計数管理は、できるだけ現実に即して考えていくべきです。

利益の構造を知ろう

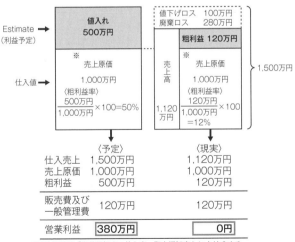

※売上原価は「期首棚卸高＋仕入高－期末棚卸高」により求める。
　全く初めて商売を始める場合で、会計期間に1回しか仕入をしていない場合は仕入高＝売上原価となる。

2 損益分岐の考え方

　例えば、輸入品の原価が、1個1,500円のものを2,000円で売っているとします。この商品を売るために、店舗代、人件費、光熱費、通信費などの経費（固定費）が1カ月2,000万円かかります。この場合、利益を出すために必要な販売量は何個なのか、というのが、損益分岐の考え方です。いくつ売ったら、釣り合いがとれるのでしょうか。

輸入品1個当たりの利益……2,000円－1,500円＝500円
2,000万円÷500円＝40,000個

　つまり、40,000個販売したら収支は均衡します。しかし、これだけでは利益は生まれません。ビジネスとして継続するのは不可能です。これを超える数を販売して黒に転じさせなければなりません。そこで、経費（固定費）に希望利益をプラスして考えます。例えば1カ月で150万円の利益を出したいということであれば、次ようになります。

(2,000万円＋150万円)÷500円＝43,000個

　つまり、43,000個販売すればよいということになります。
　これらを損益分岐点売上高の算出の公式で見てみましょう。

損益分岐点売上高 ＝ 固定費 ÷ ｛1－変動費率｝

　上記の例でいえば、固定費は、売り上げに関係なく発生する費用でこの例ですと経費の2,000万円が該当します。一方、**変動費**は、

輸入品の原価である1,500円です。そして、**変動費率**は2,000円で売るのですから、1,500円÷2,000円＝0.75（75％）という計算で算出されます。

∴　2,000万円÷(1－0.75)＝8,000万円
　　8,000万円÷2,000円＝40,000個

利益が150万円でればいいと値入した場合の**損益分岐点**は、
2,150万円÷(1－0.75)＝8,600万円
8,600万円÷2,000円＝43,000個となります。

このように、損益分岐点の公式を使うことにより、簡便におおよその損益分岐の販売個数などがわかります。
また、販売個数のみならず、輸入貨物のコスト削減、つまりいわゆる売上原価を削減することにより、損益分岐点がどのように変化するかも見ることができます。

損益分岐点の考え方

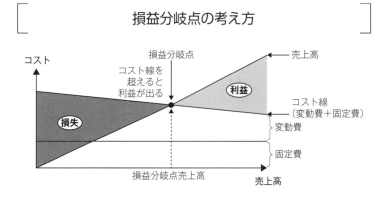

⑤ 取引先の確定

　マーケティング調査により、輸入戦略計画がたてられます。同時にセラー（売主）をさがし、業者の目途をつけておかなければなりません。この見込み先には、カタログや見積書、あるいは、見本を請求しアプローチしてみます。

　外国の売主の情報は、商工会議所（The Chamber of Commerce and Industry）や日本貿易振興機構（JETRO：ジェトロ）などのビジネス・マッチング・データーベースを利用したり、見本市や展示会に行って得ることができます。ただしジェトロの引き合い案件データベースなどは取引先をジェトロが保証しているわけではなく、単に海外の引き合い情報を出しているにすぎないので、商業興信所などで信用調査を行い、自己責任で取引先を決定する必要があります。

　商業興信所で世界的に有名なのが日本にも支社がある、ダン・アンド・ブラッド・ストリート社、略してダン社です。また、商工リサーチや帝国データーバンクなどを利用する方法があります。これらの企業は、企業調査が本業ですし、情報もストックしていますから、スピーディに調査をしてくれますし、調査結果も信用できます。このほか相手の取引銀行に照会したり、同業者や相手の取引している業者に照会する方法もあります。

　この信用調査は、３Ｃ（３C of Credit）と呼ばれるポイントがあります。Character（誠実性）　Capital（資本力）　Capacity（営業能力）の３つで、頭文字のＣをとって３Ｃと呼ばれています。

　さらに、信用調査には、独立行政法人日本貿易保険が発行している海外商社名簿を利用することも行われています。本来、貿易保険

3Cとは

Character (誠実性)	⇒相手の人格、見識、評判など信頼に値する取引先かを調査すること
Capital (資本力)	⇒相手の資金力です。もちろん、商品代金はバイヤーである輸入者が払うので、セラーである輸出者が気にする項目ですが、セラーが輸出する商品を間違いなく製造できるだけの資金を持っているかなど、相手の資金力調査は重要です
Capacity (営業能力)	⇒相手の商売の能力を調査するもの。商品開発力、技術力などを調査する項目です。

の引き受け基準として用いられているものですが、この名簿では、海外バイヤーの格付けが記載されています。この格付けは、G格(政府・国際機関)、E格(民間企業)、S格(商業銀行)P格(信用状態不明の4つがあります。たとえばEEとされている場合は、最初のEは民間企業を表し、つぎのEは、Excellentを表しています。つまり、優良会社で信用状態は良いと判断できるわけです。逆に、ECのCは、Cautiousで、不安材料の多い企業だととらえることができます。通常はこれらの情報を複数入手し、分析します。

その他、相手先だけに限定せず、輸出国自体の政治体制、経済、通商制度、通関制度など、いわゆるカントリーリスクも把握しておく必要があります。一夜にして政治体制が変わり、貿易管理がきわめて厳しくなる危険はないかなども重要です。また、政権が変わったためにこれまでスムーズにその国と貿易ができていたものが、出来なくなったということも起こり得るのが貿易の世界です。これをConditionsと呼んでいます。異なる政治体制の国は、特に注意が必要です。委託加工貿易などのように、取引先との関係が深くなると撤退のリスクも考えておく方がいいでしょう。

COLUMN 1
国内産業保護と関税

　売買契約に基づいて、日本の売主が外国に向けて貨物を送り出すことを**輸出**といい、逆に日本の買主が外国から貨物を引き取ることを**輸入**と呼びます。

　この輸入の際、輸入貨物に対して関税が課税されます。実は、この関税の課税には、**国内産業保護**という重要な目的があります。

　通常の関税を課す以外にも、国内産業の保護という観点から、**輸入割当**を行ったり、**関税割当**を行ったりという制約をすることもあります。同じ「割当」なので、混同しそうですが、輸入割当というのは、関税制度の枠組みの中の制度ではありません。政府が輸入できる数量を決めて、それを超える数量の輸入は認めないという輸入制限のことで、外為法・輸入貿易管理令に基づく制度です。また、関税割当は、関税制度の一つで、一定の数量は、リーズナブルな税率（**一次税率**）にし、それ以外は、高税率（**二次税率**）にするというもので、一次税率で輸入する場合には、割当を国から受ける必要があるというものです。輸入割当がされていた物品を関税化（例えば、コメの関税化）するというのは、関税割当制度に変更したということなのです。

　また、日本に不当に安い価格で輸出され、国内産業に損害を与えたという場合、**不当廉売関税**が、通常の関税の他に加えて課されることがあります。これは、不当に安価な分、関税でその分加算しようというものです。輸入者が納付します。

　このほか、**相殺関税**、**緊急関税**の制度などもあり、国内産業保護のための役割を果たしています。

Part 2

輸入の取引・契約・手続き
Story 2　契約バトルの相手

さらに数日後

ふぅ
大体終わったかな

あっ!!

マイクさん！
このお店に何で×が
ついているんですか？

私のお気に入りだった
雑貨なんですよ～!!

ああ…残念ながら
輸出する気はないって
断られてしまいました

そんなぁ～
ワンポイントの猫を
探すのが楽しいのに

マイクさん！
もう一度連絡してみて

絶対に輸入したいの
今回の目玉だと
思ってたのよ

わ…
わかりました…

けど何度かけても
変わらないと
思いマスケド…

2010年版インコタームズの危険と費用の分担

グループ	規則	輸出国内	通関	船積	国際間輸送
いかなる単数または複数の輸送手段にも適した規則	EXW	工場			
	FCA				
	CPT				
	CIP				
	DAT				
	DAP				
	DDP				
海上および内陸水路輸送のための規則	FAS				
	FOB				
	CFR				
	CIF				

危険負担：売主（輸出者）■■■■■ 買主（輸入者）
費用負担：売主（輸出者）──────▶ 買主（輸入者）------

注1：EXW 以外は、売主が輸出地での通関を行う
注2：CPT、CIPは、輸出国内で国際運送人に貨物を引渡した場合には、危険負担も同時点で移転する
注3：DDPは、輸入地の内陸部まで持込む場合として表示

	陸揚	通関	輸入国内	備考
				運送人へは輸出国内での引渡も可。危険負担も同時に移転。
				運送人引渡で危険移転 関税は買主負担 指定地までの運賃は売主負担
+保険				運送人引渡で危険移転 関税は買主負担 指定地までの運賃は売主負担
国境				指定仕向地とは、国境・本船上・輸入地の指定場所を指す。
			指定仕向地	
			指定仕向地	関税は売主負担
				本船上に置かれたときに危険移転
+保険				

① いろいろな形態の貿易取引

貿易取引には、いろいろな形態があります。主な形態についてどのようなしくみなのかを見ていきましょう。

1 直接貿易と間接貿易

マンガの中で瑞希さんが行おうとしているのが直接貿易です。つまり、海外の輸出者と直接取引を行う形態をいいます。

一方、商社等を通して行う貿易を間接貿易と言います。

それぞれメリット、デメリットがあります。これと今の自分の立ち位置とを考え、いずれの方法によるかを考えるといいでしょう。一般に経験がなく、規模も小さい場合には、間接貿易を選択し、経験も蓄積され規模が大きくなったら直接貿易に移行するのが、輸入者にとって有利に働くとされています。

直接貿易と間接貿易の比較

	直接貿易	間接貿易
メリット	①商社などを通さないので、取引相手と直接交渉ができる ②商社などへ支払うマージンを省くことができる	①商社の豊富な情報力と経験を利用できる ②経験がなく、また規模が小さい場合でも、品質・納期など有利になることが多い ③トラブルが発生したときもその対処が巧みである
デメリット	①直接、リスクを負う ②規模の利益が生じにくい。つまり、取引数量が少ないため価格交渉が難しい。	①直接、取引相手と条件交渉を行うことができない ②商社などへ払うマージンが発生する

2 並行輸入

一般に日本に輸入されているブランド品の多くは、日本で独占的に販売する権利を持つ**輸入総代理店**や**総輸入販売店（総輸入元）**が一手に輸入し、他の業者は直接ブランド品の製造業者から輸入できないしくみになっています。

しかし、日本の輸入総代理店ではないにもかかわらず、現実にはそのようなブランド品を輸入している例があります。これは第三国の専門店等から輸入しているのです。これが並行輸入です。

もちろん真正品なので、ブランド品の偽物のように商標権侵害物品等に該当して輸入できないということは起こりません。

この並行輸入は製造元から輸入するわけではなく、外国の販売店等から直接輸入するものです。したがって、製造元から外国の販売店までの流通に係る諸費用が含まれた金額で輸入します。ですから、日本に輸入して利益を出す場合は、その商品の**価格差**が大きい場合、つまり海外では安く、日本では高いという場合に向いています。しかし一昔前とは違い、**内外価格差**が大きな商品は少なくなっており、以前より並行輸入は少なくなっているのが現状です。

並行輸入の図

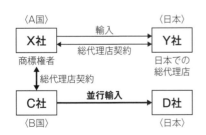

日本の総代理店（日本における商標の専用使用権者＝商標を日本において独占排他的に使用できる権利者）

日本の総代理店以外の者が第三国にあるその商品の総代理店（C社）から輸入する

3 順委託加工貿易と逆委託加工貿易

　戦後、日本経済が急成長した要因の一つに、委託加工貿易の効果があるといわれています。外国から原料品・材料などを輸入し、日本で加工・製造を行い、できた製品を外国に送り出すという形態の貿易を委託加工貿易と言います。ところが経済が発達し、日本で加工・製造するとコストが高くなるようになりました。そうすると日本のメーカーは、生産を海外で行うようになり、原料品・材料などを海外に送り、海外で加工・生産するようになりました。これも委託加工貿易にあたります。

　この2つを区別するために、前者を**順加工委託貿易**、後者を**逆委託加工貿易**と呼んでいます。

4 開発輸入

　輸入者が作った日本市場向けの仕様書に基づいて、海外の工場で委託生産などを行い、製品を輸入する形態を開発輸入と呼びます。

　たとえば、日本の市場にあった下着や日常着などの衣類、うなぎのかば焼き、やきとりなどの食料品、家具などの日用品などが開発輸入されています。

5 OEM輸入

　OEMとは、Original Equipment Manufacturerの略です。これは海外のメーカーの製品に、日本の輸入者のブランドやロゴをつけて製造してもらい、輸入する形態をいいます。日本では、輸入者のブランド品として販売されます。

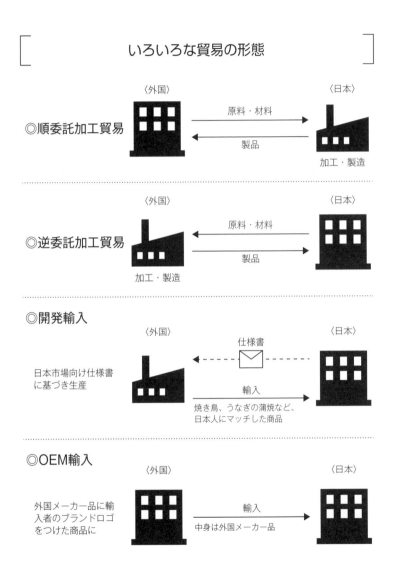

② 貿易契約

　売買契約は、**申し込みと承諾の意思の一致**で成約します。

　単純に言えば「これを売ってください。」「わかりました。これを売りましょう。」と双方の心が一つになったときに契約が成立するというわけです。通常は右の図のような段階を踏み、お互いの承諾を得て契約となります。

　しかしこれだけでは、いくら「意思の一致により契約が成立した」といっても単なる口約束にすぎません。でもこれで契約は成立します。意思の一致だけで成立するので、諾成契約とよばれています。輸入貨物を受け取って契約が成立すると思っていた方は、この口約束で成立するというのが信じられないことでしょう。

　でも口約束では、本当に契約が成立したかの**客観的証拠**はありません。もちろん、契約に至るまでのやり取りは、記録に残しているでしょうが、この記録は、自分のために記録したもので、契約が成立したという決定的な証拠にはなりません。契約が成立したという決定的証拠を作っておかなければ、相手側に悪意がなくても契約内容に基づいた履行が行われないことも考えられます。

　そのためには、双方が客観的かつ具体的に契約内容を見ることができ、それをお互いに契約の内容だと確認しサインし合わないといけません。これが**契約書**です。これがあれば、相手方は、契約内容に沿った履行を行うでしょう。

売買契約成立までの流れ

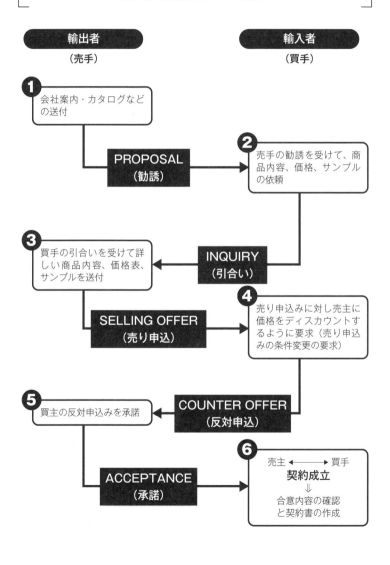

契約の履行というのは、契約成立後に発生する**売主、買主それぞれの義務**を履行することです。

買主の義務は代金を支払うことです。その代わり、**商品を請求する権利**も一方で発生します。

売主は商品を引き渡す義務があります。その代わり、**代金を請求する権利**が発生します。この義務は**債務**といい、権利は**債権**といいます。

債務の本旨に沿って売主・買主が、それぞれの債務を履行しなければなりません。きちんと履行されない場合は、債務不履行になり、損害賠償や契約解除などのトラブルが発生します。

契約書は、Seller（売主＝輸出者）とBuyer（買主＝輸入者）がそれぞれ確認しサインをして作成します。通常は、注文書や注文請書のいずれかが契約書になります。Buyerが作成するのが、**注文書（Purchase Order, Purchase Note）**で、Sellerが作成するのが、**注文請書（Sales Note, Sales Contract）**です。

これらのどちらを契約書にするのか、というのは重要なことです。

しかしその前に、まず契約書の構造を見てみましょう。

契約書には、表と裏にそれぞれ契約内容が書かれています。表は、今回の契約の商品、数量、単価、船積の時期、決済方法など個別具体的な事柄が記載されています。これらは、個別具体的に契約の都度、記載される内容です。昔は、タイプで打ち込んでいたので、この部分の取り決めを**タイプ条項**と呼んでいます。

一方、裏面は、**一般取引条件(General Terms and Conditions)**が記載されています。例えば、台風、地震、港湾ストライキなど不

契約書(タイプ別)

Maunharf Japan Corporation
2-2-1 Minatomirai, Nishi-ku, Yokohama,
Kanagawa, Japan
TEL 81-45-123-4567

SALES CONTRACT (注文請書)

Maunharf Japan co.,ltd. as Seller hereby confirms the sale to undermentioned Buyer of the following goods(the "Goods")
on the terms and conditions given below INCLUDING ALL THOSE PRINTED ON THE REVERSE SIDE HEREOF, which are
expressly agreed to, understood and made a part of this Contract :

BUYER'S NAME AND ADDRESS (買主)		SELLER'S DEPT (契約番号) SELLER'S CONTRACT NO. MJ0310-01		DATE (発行日) 02 Dec 20XX BUYER'S REFERENCE NO.
Vietnam Trading Co.,Ltd. 100 Nguyen Minh Hoang, Tan Binh District, Ho Chi Minh City, Vietnam Tel 84-8-1234-5678				
MARKING (商印)	COMMODITY & QUALITY (商品名)	QUANTITY (数量)	UNIT PRICE (単価)	AMOUNT (合計)
 VT HCM	Air Compressor Welding Machine	20 sets 10 sets	US$ 460.00- US$ 740.00-	US$ 9,200.00- US$ 7,400.00-
	TOTAL	30 sets	CIP Ho Chi Minh	US$ 16,600.00-
PORT OF SHIPMENT (船積地) Yokohama, Japan		PAYMENT (支払の方法) Irrevocable L/C At Sight Negotiating Bank: Tokyo City Bank, Ltd.		
PORT OF DESTINATION (仕向地) Ho Chi Minh, Vietnam				
PARTIAL SHIPMENTS (分割積み) Allowed				
TRANSSHIPMENT (積替え) Prohibited		PACKING (包装) Standard Export Packing		
TIME OF SHIPMENT (船積時期) ※ ETD Yokohama by 31 JAN 20XX		INSPECTION (検査)		
INSURANCE (海上保険) Covered by Seller Against ICC(A) Including War and S.R.C.C. Risks		SPECIAL TERMS & CONDITIONS (特別な条件)		

ACCEPTED AND CONFIRMED BY

BUYER: Vietnam Trading Co.,Ltd.
(買主)

SELLER: Maunharf Japan Corporation
(売主)

T.Katayama
EXPORT MANAGER

ON:

※ETD出港予定日

可抗力（Force Majeure）による事故の場合の解決法や、もしクレームが発生した場合、日本の法律で解決するのか、相手の国の法律で解決するのか準拠法などの取り決めなどが書かれています。これらはどの契約にも汎用しているもので、あらかじめ印刷しています。

　そこで、考えてみてください。

　タイプ条項は合意のもとに作られますが、印刷条項はクレームが発生した時、どちらの国の法律を使うかなど売主、買主の両者にとって利益が相反する事項が印刷されているわけです。通常は、買主の作成する注文書の裏面には買主の有利なように、売主の作成する注文請書の裏面には売主の有利なように印刷されているわけです。ですから、どちらを使うかは重要なことなのです。

　売主、買主の力関係で止む無くどちらかが承諾する場合もあるでしょう。あるいは、売主の送ってきた注文請書にサインをせず、買主は別途、注文書を送りサインをするよう要求することもあるでしょう。このように、自分のものを使えとお互い送り合うさまは、**書式の戦い(Battle of Forms)**と呼ばれています。

　ところで、契約は右ページにあるような内容を具体的に確認することがポイントです。たとえば、契約書に使用される単位に認識の違いがあると大変です。重量トンといっても、1トン＝1,000kgを示すメートル・トン（仏トン）のほかに、重トン（英トン）、軽トン（米トン）の3つがあり、どのトンを採用して契約をするのか、注意が必要です。

※メートル・トン（仏トン）　　2,204.6ポンド＝1,000kg
　重トン（英トン）　　　　　　2,240ポンド＝1,016kg
　軽トン（米トン）　　　　　　2,000ポンド＝907kg

貨物契約上のポイント（確認内容）

1. 取引する商品名 （Commodity）	明確に記載する
2. 品質 （Quality）	①品質条件の取り決め（見本・仕様書・商標・標準品） ②品質条件の履行時期 　（船積み時の品質 or 陸揚げ時の品質）など
3. 数量 （Quantity）	①単位 　（重量・容積・面積・個数・包装単位・長さ） ②注文量 　（最低数量または最高数量の条件をクリアしているか） ③数量条件の履行時期 　（船積み時の数量 or 陸揚げ時の数量） ④過不足容認条件 ⑤総重量（Gross）か純重量（Net）かなど
4. 価格 （Price）	①インコタームズ（CIF, CIP, FOB, FCAなど） ②通貨の種類
5. 決済方法 （Payment）	①信用状（L/C）決済 ②D/P、D/Aによる取立決済 ③送金による決済 ④送金小切手による決済 ⑤ネッティング（帳簿上の相殺）による決済など
6. 海上保険 （Insurance）	①保険期間 ②保険契約者 ③保険のてん補範囲 ④保険金額 ⑤被保険者　など
7. 船積み （Shipment）	①船積みの時期 ②輸送経路（仕出港、仕向港） ③直行か経由か 　（Direct Shipment or Transshipment） ④貨物の積出方法（一括積出しか分割積出かなど）
8. その他 （Others）	①荷印 ②仲裁条項など

③ インコタームズ

輸入には、特定された商品、数量、品質、単価などの取り決めや、輸入時の費用負担や危険負担の範囲の取り決めが必要となります。そうした取り決めにあたっては、**国際商業会議所（ICC）**が貿易条件の解釈として作ったルールである、**インコタームズ（Incoterms）**が利用されます。

インコタームズは、わずかアルファベット3文字で**費用負担の範囲**と**危険負担の範囲**を表した優れものです。10年ごとに実務取引の現状に合わせて改定されます。もっとも、インコタームズは国際的なルールという位置づけであり、条約や法律ではありません。これを利用するかどうかは、当事者の合意で決めることになります。しかし、実務上ほとんど場合、インコタームズを利用しているのが実情です。その方が解釈基準が明確だからです。

最新の2010年版インコタームズは、**2クラス11規則**に定型化されています。2クラスとは、**①いかなる単数または複数の輸送手段にも適した規則**と**②海上および内陸水路輸送のための規則**です。

運送手段と適切なインコタームズ

①いかなる単数または複数の輸送手段にも適した規則

②海上および内陸水路輸送のための規則

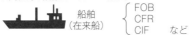

初学者は、①の分野については、コンテナ船や航空機による輸送の場合に用いるインコタームズ、一方②の分野は、昔ながらの輸送船であるいわゆる在来船の場合に用いるものと考えてください。

現在はコンテナ船での輸送が圧倒的に多いので、①の分野のインコタームズが多く使われていると思われるでしょう。しかし現実には、正しい使い方がされず、②の分野のインコタームズが使われることが多いようです。

≪コンテナ船や航空機輸送の場合≫（図はイメージです。）
いかなる単数または複数の輸送手段にも適した規則を用います。

1 EXW（工場渡）

危険負担：売主（輸出者）　　　　　　買主（輸入者）
費用負担：売主（輸出者）　　　　　　買主（輸入者）

輸出国内	通関	船積み	国際間輸送	陸揚げ	通関	輸入国内
▶◀						

工場：倉庫

売主の現地の工場や倉庫などで貨物が引き渡されるという規則です。現地で引き渡されるわけですから、日本に輸入までの運賃などの運送関連費用や海上保険を掛けた場合の保険料を輸入者である買主がすべて負担します。また、貨物を引き取った後のリスクは、すべて買主が負担することになります。一番シンプルな条件です。

2 FCA（運送人渡）

輸出国内	通関	船積み	国際間輸送	陸揚げ	通関	輸入国内
	▶◀					

輸出地においてコンテナ船に積み込む場合の簡単な過程を少しお

話しておきましょう。

　まず、売主は貨物が積み込まれたコンテナをコンテナヤードに運びます。そして、貨物を船会社である運送人に引き渡します。受け取った運送人は、税関長から輸出許可を受けたコンテナをコンテナ船に積み込みます。積み込まれたらいよいよ輸入地に向けて出港するというわけです。

　この過程でFCA規則の場合、輸出者である売主が、買主によって指名された運送人に貨物を引き渡すまでの費用を負担します。ですから、輸入者は、指名した運送人に貨物が引き渡された後の運賃や、保険を掛けた場合には、海上保険を負担しなければなりません。また売主の危険負担も、買主の指名した運送人に貨物を引き渡すまでで、あとは、輸入者である買主に移転します。

　指定された場所であるコンテナヤードが売主の施設という場合は、買主によって指定されたコンテナ船に積み込まれたとき、または運送人の処分に委ねられたときまで、売主は費用負担を行います。また、危険負担もこの時に同時に買主に移転します。なお、輸出地での通関手続きは、売主が行います。

3 CPT（輸送費込）

輸出国内	通関	船積み	国際間輸送	陸揚げ	通関	輸入国内

※売主は貨物海上保険料は、負担しません。

　CPTは、売主の費用負担と危険負担の時期が異なります。費用負担については、売主が輸入地（指定仕向地）に貨物が到着するまでの輸送費のみを負担する規則です。一方、危険負担は売主の指名した運送人に貨物が引渡された時に売主から買主に移転します。

ここで注意したいのはFCAの場合、「買主の指名した運送人」とあり、一方、このCPTは「売主の指名した運送人」とあります。これは、輸送費をだれが負担するかを考えればわかります。FCAの場合は買主が輸送費を負担します。したがって買主が輸入地までの運送人を見つけるのです。一方、CPTの場合は売主が負担します。ですから売主が輸入地までの運送人を見つけるのです。そう考えると、イメージしやすいと思います。そして、コンテナヤードで運送人に貨物を引き渡したときに危険負担は移転するのです。

4 CIP（輸送費・保険料込）

輸出国内	通関	船積み	国際間輸送	陸揚げ	通関	輸入国内
			＋保険			

基本的にはCPT規則と同じですが、費用負担が異なります。売主は、輸入地（指定仕向地）に貨物が到着するまでの輸送費のほかに、貨物海上保険の保険料も負担します。危険負担はCPTと同様、売主の指名した運送人に貨物が引渡された時に売主から買主に移転します。

5 DAT（ターミナル持込渡）

輸出国内	通関	船積み	国際間輸送	陸揚げ	通関	輸入国内

たとえば、コンテナ船が輸入地のコンテナターミナル（指定仕向港又は仕向地のターミナル）に到着したとします。ここで、一旦コンテナ船から荷卸ろしされ、ターミナル内で買主に引き渡されるの

ですが、その引き渡した時点で、貨物の費用負担も危険負担も売主から買主に移転するというのがDATです。ここでのポイントは、荷卸ろし業務は売主の負担であるということです。輸入通関業務は買主が行います。

6 DAP（仕向地持込渡）

輸出国内	通関	船積み	国際間輸送	陸揚げ	通関	輸入国内

　輸入地にある指定仕向地で貨物が荷卸ろしの準備はされているが、荷卸ろしはされない状態で、トラックなどの運送手段の上で貨物が引渡された時に、貨物の費用負担も危険負担も売主から買主に移転するというのがDAPです。指定仕向地までの輸送費は売主が負担しますが、DATと異なり、荷卸ろし作業は買主が負担します。DATとDAPの違いはここが大きなポイントです。輸入通関業務はDATと同じく、買主が行います。

7 DDP（関税込持込渡）

輸出国内	通関	船積み	国際間輸送	陸揚げ	通関	輸入国内

　輸入地のコンテナヤードや倉庫、工場など指定場所まで貨物が運送され、荷卸ろしされない状態で、運送手段の上で貨物が引渡された時に、貨物の費用負担も危険負担も売主から買主に移転するものです。DAPとの違いは、輸入通関業務は売主が負担するということです。

≪在来船の場合≫

海上および内陸水路輸送のための規則を使用します。

8 FAS（船側渡）

輸出国内	通関	船積み	国際間輸送	陸揚げ	通関	輸入国内

船側

指定された船積港において、貨物が埠頭上や艀に積み込まれて本船の船側に置かれたときに、貨物の費用負担と危険負担が買主に移転します。ここでいう本船とは、日本と外国の間を外国貿易のために往来する船のことです。これに対し艀というのは、今はほとんど見られなくなりましたが、本船に貨物を運ぶための小さい船のことです。

この条件は、材木の貿易などの特別な貨物の場合に使われる規則です。

9 FOB（本船渡）

輸出国内	通関	船積み	国際間輸送	陸揚げ	通関	輸入国内

昔からよく使用されている規則の一つです。輸出港に停泊中の、買主によって指定された本船の船上に、貨物が売主によって置かれたときに、費用負担も危険負担も移転する規則です。

また、貨物の輸送中に転売する洋上転売の場合は、積み込まれた貨物を買主が入手することにより、費用負担と危険負担が買主に移転します。これをもう少し正確な言葉で言いますと、「すでに船積

みされている貨物を調達したときに」費用負担と危険負担が買主に移転すると表現します。

10 CFR（運賃込）

輸出国内	通関	船積み	国際間輸送	陸揚げ	通関	輸入国内

※売主は貨物海上保険料は負担しません。

これは売主が輸入港までの運賃を負担するという規則です。一方、危険負担はFOBの場合と同様、貨物が売主によって指定された本船上に積み込まれたときに、売主から買主に移転します。

11 CIF（運賃・保険料込）

輸出国内	通関	船積み	国際間輸送	陸揚げ	通関	輸入国内
			+保険			

CFRは売主が輸入港までの運賃を負担するものでしたが、CIFはこれに加え、貨物海上保険料も売主が負担するというものです。一方、危険負担はFOBやCFRと同じです。CIFもFOBに並び、昔から実務ではよく使われる規則です。

インコタームズは、一見すると複雑に見えますが、まず在来船用のFOB、CFR、CIFから覚え、FOBのコンテナ版はFCA、CFRのコンテナ版はCPT、CIFのコンテナ版はCIPと覚えれば、理解しやすくなるでしょう。

FOB・CFR・CIFの価格構成

区分	項目	FOB価格	CFR〈C&F〉価格	CIF価格
	海上保険料			●
	海上運賃		●	●
輸出諸掛（しょがかり）	船積費用	●	●	●
	通関費用	●	●	●
	倉庫料	●	●	●
	検査料	●	●	●
	引取費用	●	●	●
	梱包料	●	●	●
輸出経費・利益	利益	●	●	●
	雑費	●	●	●
	金利	●	●	●
	電信料	●	●	●
基本原価	仕入原価	●	●	●
	製造原価	●	●	●

■ 運賃支払いとインコタームズ

CIFやCFRの場合は、輸入港（仕向港）到着までの運賃を売主である輸出者が負担します。CPTやCIPの場合も指定仕向地まで、輸出者が負担します。この場合、船会社から交付される船荷証券(B/L)の運賃欄には、**プリペイド（FREIGHT PREPAID：運賃前払い）** と記載されます。

FOBの場合、輸出者の費用負担は、輸出港に停泊中の船に貨物を積み込むまでです。また、FCAの場合はCYの中などで運送人に貨物を引き渡すまでです。したがって、B/L発行の段階では運賃は支払っていません。この場合、船荷証券の運賃欄には、**コレクト（FREIGHT COLLECT：運賃着払い）** と記載されます。

④ 貨物海上保険

　貨物海上保険とは、輸入貨物が運送中に何らかの損害を被ったときに、その損害を補てんするものです。具体的には、運送中に船が沈没したり、座礁したり、あるいは衝突などにより貨物自体に損害が生じた場合に、その物的損害を補てんします。また災害が発生した場合に、さらなる損害を防止する費用や修理費用などの費用損害も補てんされます。その貨物海上保険を掛けることを付保といいます。

1 付保とインコタームズ

　この貨物海上保険は、CIF・CIPの場合、輸出者に付保義務があります。この場合、保険証券は輸出地で発行されます。一方、FOB・CFR・FCA・CPTなどについては、インコタームズでは特に付保義務は規定されていないので、必要な場合は輸入者が行い、保険証券は輸入地で発行されます。

　しかし、思わぬ損害を回避するには貨物海上保険は欠かせません。貨物海上保険を付保するか否かは、輸入者の任意と言っても、無保険状態で輸入するのはリスキーだと考えるべきでしょう。また、信用状取引の場合は付保します。

　CIFの場合、輸出者に付保義務がありますが、事故があったとき最終の保険金受取人は輸入者です。ですから、輸出者は輸入者のために貨物海上保険をかけていると言えます。

　付保するのには、貨物の数量や金額、船名などを保険会社に告知する必要があります。ところが輸入者側では、これらすべてを把握することが困難ですし、数量なども当初のものと変更になる可能性もあります。

貨物海上保険の契約時の告知事項（保険会社へ告知する）

項目　　貿易形態	輸出	輸入
①品名・数量（商品個数および外装梱包数）	○	○
②売買の条件およびインボイス金額	○	○
③航路（仕出港・船積港・積替港・荷卸港・仕向地）	○	○
④運送用具および出帆（出港）年月日	○	○
⑤保険のてん補範囲（含特約）	○	○
⑥保険証券の必要部数	○	×
⑦インボイス番号	○	×
⑧保険金支払地	○	×
⑨予定保険番号	×	○

　このように未確定な事項も多く、輸入者が付保する場合、正確に告知することができないこともあります。

　このような場合、輸入者は未確定事項について、そのままにして予定保険を付保します。船積後、輸出者から送付される船積通知書（S/A；Shipping Advice）などにより、船積の詳細が確定した後に、確定保険契約に切り替えます。確定保険契約がされる前に損害が発生したとしても、予定保険が付保されていれば補償されます。

　予定保険は、事案ごとに個別に付保する方法のほかに、一定期間中のすべての貨物について包括的に予定保険を付保する方法もあります。

　すでにお話ししたように、貨物海上保険は、輸送上の輸入貨物の損害をカバーするものです。具体的にカバーされる損害は、貨物自体の物的損害と費用損害です。それぞれの損害について見てみましょう。

2 損害
❶貨物自体の物的損害
　貨物自体の物的損害は、**共同海損（General Average）** と**単独海損（Particular Average）** に大きく2つに分かれます。

ア）共同海損
　本船が座礁や沈没の危険にさらされ、何らかの措置を取らないと積載されている貨物すべてが失われるような、緊迫した状態が発生したとします。このような場合、なんとか危機を乗り越え、最大限の利益を確保するために、船長判断で積載されている貨物を海上に投棄することが考えられます。この投棄され犠牲になった貨物の費用などの損害を、船会社と全荷主が一定の割合で負担しますが、この場合の費用的損害を**共同海損**と呼んでいます。

イ）単独海損
　海上運送中、個々の貨物に発生した損害で、被害を受けた荷主が単独で負担する損害です。この単独海損は、**全損（Total Loss）** と**分損（Partial Loss）** に分かれます。
　全損は、貨物の全部が、船の沈没、座礁、衝突火災などの危険によって受ける損害です。また、分損は、貨物の一部が滅失したり損傷を受ける損害です。

❷費用損害
　通常の運送状況では発生しない費用及びその付随費用などのことをいいます。たとえば、救助費用、サーベイ費用、避難港での荷役費用などがあげられます。

3 基本条件

貨物海上保険の約款の基本条件は、3つのパターンがあります。

◎**A/R(All Risks)：全危険担保/新ICC（A）**

FPAやWAでカバーする危険に加え、貨物の運送に付随して生じた事故による損害もてん補する条件です。ただし、戦争やストライキ、暴動などのリスクは免責（特別約款を追加契約）となります。

◎**WA（With Average）：分損担保・単独海損担保/新ICC（B）**

FPAがカバーする条件に加え、海水ぬれ損など海固有の危険によって被った分損を、一定の損害割合以上にてん補する条件です。

◎**FPA（Free from Particular Average）：分損不担保・単独海損不担保/新ICC（C）**

共同海損と全損、本船や艀の座礁・沈没・大火災があった場合の分損（特定分損）および本船の衝突に起因する分損事故（SSBC）、防止費用などの費用損害のみをてん補する条件です。

それぞれのてん補範囲については、次ページの表を見てください。

■ 国内PL保険を付保してリスク管理する。

輸入貨物に起因する事故が多発した場合、製造者はもちろんのこと、輸入者にも損害賠償責任が課されます。これらについては製造物責任法（PL法）に規定されています。

この法律では製造者、輸入者に過失がなくても損害賠償責任が発生することが規定されています。たとえば輸入製品に欠陥（通常有すべき安全性を欠いていること）により被害が出た場合、過失があるなしにかかわらず、損害賠償責任が発生します。このリスクをてん補するのが「国内PL保険」です。輸入者も保険を付保し、PL責任対応策を講じる必要があります。

保険の基本条件とてん補範囲の比較表

○：カバーする
△：特約（オプション）
×：免責

				基本条件		
			新ICC	FPA 分損不担保	WA 分損担保	A/R 全危険担保
			旧ICC	(C)	(B)	(A)
損害の種類			てん補範囲			
費用損害			・損害防止費用 ・救助料・その他の附帯費用（サーベイ費用等） ・特別費用	○	○	○
物的損害	共同海損		・共同海損犠牲損害 ・共同海損費用 ・共同海損分担額	○	○	○
	単独海損	全損	・現実全損 ・推定全損 ・荷造り1個ごとの全損※	○	○	○
		分損（特定分損）	・船舶・艀の座礁・沈没・大火災による損害 ・船舶・艀の衝突・接触による損害 ・貨物の火災・爆発による損害 ・避難港での貨物の荷卸しに起因する損害	○	○	○
		その他の分損	・特定分損以外の分損	×	○	○
付加危険	平常時	各種付加危険	・Shortage、RFWD、TPND 等	△	△	○
	非常時		・戦争危険（War Risks）	△	△	△
			・ストライキ危険（SRCC Risks）	△	△	△
不担保損害（免責）			・貨物固有の瑕疵・性質、自然消耗 ・航海の遅延、不法行為 ・梱包不良 ・放射能汚染	×	×	×

※船舶、艀への積込、荷卸中の海没、落下による梱包1個ごとの全損は、新ICC（C）ではカバーされない。

Part 3

貨物の引取りと通関手続き
Story 3　貨物が受け取れない！

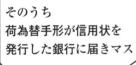

おぉ…
これは大変だな

① 信用状の発行依頼
② 信用状の発行
③ 輸出者への信用状の交付
④ 船積と船会社からのB/L(船荷証券)の入手
⑤ 取引銀行への荷為替手形の買取依頼と支払
⑥ 信用状発行銀行への荷為替手形の送付
⑦ 輸入者への荷為替手形の代金の請求
⑧ 手形代金の支払
⑨ 信用状銀行からのB/L(船荷証券)の入手
⑩ B/L(船荷証券)と引き換えに貨物を受け取る

この中で私たち輸入者がすることは
①、⑧、⑨、⑩だけなんですが

契約条件によって
保険の申込みや船のブッキングを
輸入者がしなければなりません！

今回のプロジェクトは
うちの新しい柱になると
確信している

頑張ってくれよ！

そうか…

うん
君に任せて
正解だったようだ

はいっ！
ありがとう
ございます!!

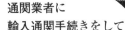

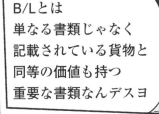

① 決済及び通関と貨物取引の流れ

　信用状を利用した場合、輸出者は船積を行い、船積書類を揃え、為替手形を振り出し、取引銀行に買取ってもらいます（さまざまな船積書類が添付された為替手形を「荷為替手形（⇒p.184）」と呼びます）。輸出地で買取られた荷為替手形は、輸入者側の信用状発行銀行に送られ、信用状発行銀行は輸入者に決済をするように連絡をします。この手形代金を支払い、決済は完了となります。

　手形決済後、銀行から渡される船積書類の中に、船荷証券（B/L）が含まれています。このB/Lと呼ばれる船荷証券がないと、船会社から貨物を引き取ることができません。この船荷証券を入手したら、通関業の許可を併せ持つ海貨業者に、輸入通関と貨物の引取りを依頼します。輸入の場合は、関税、消費税、地方消費税などが課税されますから、その納税申告の代理も同時に依頼します。

　海貨業者は、通関手続きを行い、さらに船荷証券（B/L）を船会社に呈示し貨物のための手続きを行います。

　たとえばコンテナ船で到着するコンテナに満載された大口貨物（FCL貨物）の場合、税関長による輸入許可を受けたら、貨物はCYから引き取られ輸入者が指定した倉庫まで陸送されます。この陸送をドレージと言い、陸送する会社をドレージ会社といいます。ここで、コンテナからモノが取り出されます。これをデバンニングといいます。コンテナに混載された小口貨物（LCL貨物）の場合は、ヤード内にあるCFS（コンテナ・フレイト・ステーション）でデバンニングされ、輸入者の手に渡ります。コンテナ船以外の船の場合、貨物の陸揚げ方法が異なりますが、B/Lと輸入許可書がないと本船から引き取ることができないのは、コンテナ船の場合と同じです。

Part3 ●□輸入規制と通関手続き

船積貨物の輸入通関と貨物の引取り

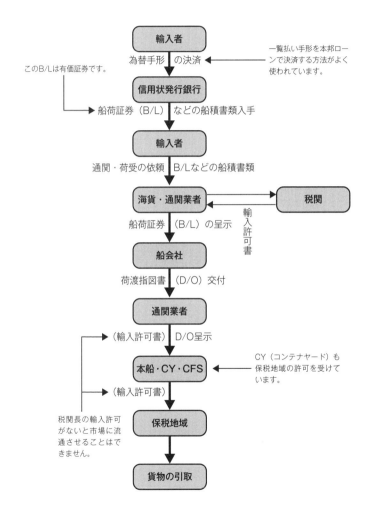

② 信用状（L/C）の発行

1 信用状とは

売買契約が成立すると、輸出者は**貨物の引き渡し義務（債務）**と、**代金を請求権（債権）**が、一方の輸入者にとっては**代金支払い義務（債務）**と、**貨物の引き渡し請求（債権）**が発生します。

しかし義務や権利といっても、初めての取引だったり高額な取引の場合、売主は本当に貨物の代金を受け取れるのか、また買主は本当に契約通りの貨物が送られてくるのか不安になるでしょう。

貿易の世界では、このような心配事が現実にならないように、初めての取引だったり高額な取引の場合、輸出者は輸入者に対して、代金の支払いについて輸入者の取引銀行の保証をもらうように要求することが多いのです。

この輸入者の取引銀行の支払い保証を**信用状（L/C ; Letter of Credit）**と呼んでいます。

信用状のメリット

輸出者のメリット

①代金回収リスクの回避
- ◆信用状条件どおりの書類を提出することで、代金の支払いが確約される

②資金負担リスクの回避
- ◆船積みとほぼ同時に代金を回収することができる

輸入者のメリット

①資金負担リスクの回避
- ◆前払いにするときよりも資金負担が軽減される
- ◆先に商品を売却してその代金を銀行との決済にあてることもできる

②商品入手リスクの回避
- ◆輸出者に信用状条件に合った書類の提出を求め、契約どおりに取引することを義務付けられる

この信用状の流れを知ることは、貿易の決済の仕組みを知る上で、とても重要です。そして、貿易決済の基本を知る手掛かりにもなります。

さて、このような場合、輸入者は自分の懇意にしている銀行に信用状の発行（＝支払い保証）をしてほしいと依頼します。これが**信用状開設依頼**とか、**信用状発行依頼**（本書では、信用状発行依頼と呼びます。）です。依頼するときには、各銀行で制定された書面（信用状発行依頼書）に記入して銀行に提出します。信用状は、契約の内容通りに発行してもらう必要があります。輸出者は誰なのか、どのような内容の貨物で、数量、単価、合計額などや輸入者が必要とする船積書類を記入し、発行依頼をするのです。

銀行にとって信用状発行は、銀行が支払を保証するわけですから融資と全く性格は変わりません。いわゆる**与信業務**の一つなのです。ですから発行するにあたって、信用状発行依頼書のほかにいろいろな書類を提出しなければなりません。さらに重要なのは、発行に際して銀行に担保の提供、保証協会の保証などが必要になります。

このような手続きを得て、銀行の審査を通り、はじめて信用状が発行されるのです。もちろん信用状発行に係る手数料もかかります。

信用状が無事発行されると、輸出地の**通知銀行**を経由して、売主である輸出者の手に渡ります。

輸出者は、信用状を受け取ると貨物を船積し、輸出します。そして、買主である輸入者に対して、「船積し、船が出港したよ」という船積通知（Shipping Advice）を送ります。この船積通知が輸入者に届くと、輸入者は、輸入の準備をします。

2 信用状のしくみ（一覧払手形の場合）

信用状のしくみを図解して見てみましょう。

①買主である輸入者は、自分の取引銀行に信用状の発行を依頼します。

信用状の申込者ですので、**Applicant**と信用状のしくみの中では呼ばれます。

②銀行の審査が通り、信用状発行依頼書に基づいて信用状が発行されます。

信用状を発行する銀行のことを、**信用状発行銀行（Issuing Bank）**といいます。

③信用状が発行されると、信用状発行銀行から輸出地の銀行を経由して輸出者に信用状が交付されます。

この輸出地の銀行を、信用状の到着を輸出者に通知することから**通知銀行（Advising Bank）**といいます。

なぜ、信用状発行銀行や輸入者から直接、輸出者に信用状が渡されないのでしょうか。それは、大きな理由があります。信用状発行銀行と通知銀行は、**コルレス契約**が結ばれています。そして、契約上で通知銀行には信用状発行銀行の署名や暗号が取決められています。

通知銀行は信用状が届いた段階で、**信用状の真偽**を取決められた署名や暗号で確かめます。

真正のものであると確認をしたところで輸出者に交付します。

もし、信用状発行銀行や輸入者の手から直接交付されたのでは、真偽の確認が取れません。

④信用状を手に入れた輸出者は、貨物を船積みし、船会社から貨物の預かり書である**B/L（船荷証券）**を入手します。また、**CIF**や**CIP**条件の場合、輸出者は海上保険を付保しなければなりません。

信用状のしくみ

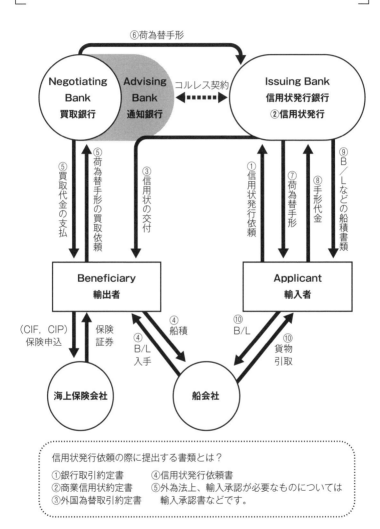

付保したならば保険会社から**保険証券**を受け取ります。
⑤輸出者は、貨物の明細書であるインボイス、B/L（船荷証券）、保険証券など信用状で要求している書類を揃え、為替手形を発行し、取引銀行に買取依頼をし、買取代金を受け取ります。
　輸出者の立場なら、輸出貨物の決済はこの段階で完了です。
⑥買取銀行で買い取られた荷為替手形は、銀行決済のうえ、**信用状発行銀行**に送付されます。
⑦信用状発行銀行は、送付された**為替手形の代金**を輸入者に請求します。
⑧輸入者は手形代金を信用状発行銀行に**支払**います。
⑨手形代金を支払うと、信用状発行銀行は輸入者にB/Lなどの**船積書類**を渡します。
⑩輸入者は、輸入通関手続きを行い輸入許可を受け、輸入港に到着した貨物を**B/L**と引き換えに無事受け取ります。

　インボイスやB/L、保険証券などを**船積書類**と呼んでいます。これを為替手形に添付したものを荷為替手形と呼んでいます。これを輸出者は銀行に買い取ってもらい、買取代金を受け取ります。このように、信用状の仕組みの中では、輸出者は利益を受ける人ですから、**受益者（Beneficiary）**と呼びます。

　またB/Lは、**有価証券**であり、「**貨物の引取り請求権**」そのものを表わした証券です。B/Lを呈示しない限り、基本的には貨物を船会社から受け取ることはできません。そして、貨物の処分はB/Lをもって行うこととされています。例えば、輸入港に運送中に転売（洋上転売）する場合には、B/Lを譲渡する形で行われます。貨物代金を払ったとしてもB/Lが譲渡されないと船会社に貨物を引き渡すように請求できません。B/Lの譲渡は**裏書**によって行われます。

このように**流通証券**としての性質も有しています。

荷為替手形を買い取る銀行を**買取銀行（Negotiating Bank）**と言います。

3 いろいろな信用状

信用状はいろいろな側面から分類されますが、特に重要だと思われるものは次のとおりです。

◎取消不能信用状（Irrevocable Credit）

信用状が発行されて、受益者である輸出者に通知された以上、信用状関係当事者の全員の同意がなければ取消や内容の変更ができない信用状です。信用状関係当事者とは、「輸入者」「輸出者（受益者）」「信用状発行銀行」、そしてもしあれば「確認銀行」※をいいます。現在流通している信用状はすべて取消不能信用状です。

※確認銀行
　信用状発行銀行だけの支払い確約だけでは、信用力が不足する場合は国際的に信用度の高い銀行にさらに支払確約（確認）を受けている場合がある。この銀行を確認銀行と呼んでいる。確認銀行がついている信用状を確認信用状（Comfirmed L/C）という。

◎買取銀行指定信用状（Restricted L/C）

手形の買取銀行が指定されている信用状です。ただし輸出者と買取銀行の間で取引がない場合でも、自分の取引銀行で手形を買い取ってもらうことができます。手形を買い取った取引銀行が、指定された銀行に再度買取を依頼します。

◎回転信用状（Revolving L/C）

　継続的な取引がある場合に利用するものです。通常、信用状は売買契約1件ごとに輸入者が銀行に依頼して発行するものですが、回転信用状であれば毎回取引するごとに信用状発行手続きをするなどの煩雑さが解消されます。

　また、多額の金額を信用状の額とするとリスキーだという場合にも利用されます。たとえば、年間取引量は1億2千万円になる場合、一度に1億2千万円の信用状を発行すると、担保物の差し入れに困難があったり、発行手数料もかなりの金額になります。また、信用状を毎月発行するのも煩雑です。しかし、回転信用状を利用すると、月の限度額を1,000万円とし、また翌月1,000万円が自動的に更新されることで分割輸入をし、上記の問題を回避することができます。この信用状は前月分の未使用残高の累積を認めない方法と、未使用残高を翌月に累積して使用できる方法があります。

■ スタンドバイ・クレジット

　これは、貿易取引を前提とした信用状ではなく、たとえば海外の支店などが現地の銀行から借入れをしたいが、海外の信用力がないため借入れがスムーズに行かないという場合に、本社の日本での取引銀行が発行するL/Cです。つまり、本社の取引銀行が債務保証しているものとみることができます。

③ 貨物の受取り（荷受け）

　輸入貨物を引き取る場合には、税関長の輸入許可が必要です。通常、輸入者は、輸入通関や貨物の引き取りを通関業の許可を受けた海貨業者（以下通関業者といいます。）に依頼します。

　輸入通関とは、輸入（納税）申告から税関長の輸入許可を受けるまでの手続きをいいます。通常、輸入（納税）申告は、貨物を保税地域（CY：コンテナヤードなど）に搬入してから行います。

　この輸入通関は、輸入者（企業）が自分で行うことも出来ます。しかし、複雑であるということと、コスト高になるということから多くは、通関業者に依頼するのです。

　依頼事項は、概ね次の4つに分けられます。

①外国から到着した貨物を船会社や航空会社などから受け取る手続き（荷受け）
②貨物の保税運送（OLT）を行う手続きやコンテナから貨物を取り出す作業（この作業をデバンニングといいます。）
③税関長に行う輸入（納税）申告から輸入許可を受けるまでの手続き
④輸入許可を受けた貨物を指定場所まで運送する手続き

　これらの手続きにより、輸入者は、貨物を無事受け取ることが出来るのです。その業務を依頼するにあたり、通関業者に「輸入作業依頼書」と共に次のような書類を渡します。

≪必要な書類≫

a) 船荷証券（B/L）、航空貨物引渡指図書（リリースオーダー）
b) インボイス（仕入書）、パッキングリスト（包装明細書）
c) 経済産業大臣の輸入承認（I/L：Import License）検査済書、届出済書など行政法規により輸入に関して許可や承認などが必要な場合、許可や承認を受けていることを証明する書類
d) その他、税関の検査、審査の際参考となるべき書類
   注文書、カタログ、運賃明細書、保険料明細書など
e) 必要に応じ原産地証明書（特恵関税、FTA関連、WTO関連など）

1 コンテナ船貨物の場合

コンテナ貨物の引取りの一例を見てみましょう。

コンテナ船貨物引取りの書類の流れ

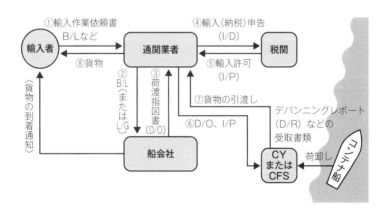

①輸入者は取引先の通関業者にコンテナ貨物の受取りと輸入通関手続を依頼します。「輸入作業依頼書」およびB/Lなど必要な書類を通関業者に渡します。
②通関業者は船会社にB/Lを呈示し、現場のCYのオペレーター(大口貨物:FCLの場合)またはCFSのオペレーター(小口貨物:LCLの場合)宛ての「荷渡指図書(D/O)」を交付します。
なお、貨物が船積書類より先に届いた場合、銀行の連帯保証付きの「補償状(L/G)」を船会社に呈示しD/Oを受け取る方法もあります。
③荷渡指図書(D/O)の交付。
④通関業者は輸入者を代理して税関長に輸入(納税)申告をします。
⑤税関長から輸入許可(I/P)を受けます。
⑥荷渡指図書(D/O)と輸入許可書(I/P)を呈示します。
⑦通関業者は貨物を受け取ります。この時、デバンニングレポートなどを受け取ります。このデバンニングレポートは引渡しのときの貨物の状態を記録したもので、船会社側と荷受側が相互に署名します。
⑧輸入者は通関業者を通し貨物を引き取ります。

2 在来船貨物の場合

　コンテナ船以外の在来船の場合も基本的には、コンテナ船の場合と同様です。ただし荷渡指図書（D/O）の宛て先が異なります。

　在来船の場合、貨物の陸揚げの方法は、自家揚げ（Shipside Delivery）と総揚げ（Shed Delivery）があり、それぞれ荷渡指図書（D/O）の宛て先が異なります。

「自家揚げ」とは、荷主の責任で陸揚げする方法です。重量が重い貨物や大きな貨物の場合にこの方法が取られます。荷主（実際には委託を受けた通関業者）が直接、船から貨物を陸揚げするのですから、荷渡指図書（D/O）は船長宛に発行されます。そして貨物を引き取る際には、輸入者側と船会社側の検数人が立ち合い、検数票（Tally Sheet）が作成されます。この検数票をもとに、貨物の受取書であるボート・ノート（貨物受渡書）が作成され、本船に提出されるのです。

　また「総揚げ」とは、船に積み込まれている貨物を船会社が、全部一括して陸揚げする方法です。この作業はステベ業者（Stevedore：船内荷役業者）によって行われます。

　陸揚げされた貨物は、保税地域に搬入され、そこで貨物が引渡されます。D/Oの宛て先は、陸揚げを行うランディング・エージェント宛てに発行されます。

　引き取る際は、検数票（Tally Sheet）が作成され、それをもとにボートノート（貨物受渡書）が作成されるのは、総揚げの場合と同様です。

Part3 ●□輸入規制と通関手続き

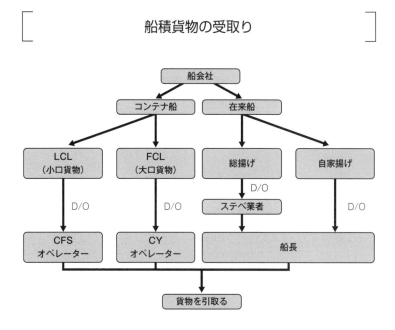

船積貨物の受取り

3 航空貨物の場合

　航空貨物の場合は、航空貨物運送状（Air Waybill）が使われます。船舶の場合のB/Lとは異なり、有価証券ではありません。つまり貨物の引渡請求権を表した証券ではありません。そのため、貨物の引取りには、この航空貨物運送状の提示は必要ありません。

　航空貨物の場合、輸出者の振り出した荷為替手形よりも貨物の方が先に着くことがほとんどです。そうすると、決済がされないまま貨物を引き取ることになります。そこで、航空貨物運送状に記載される荷受人を、信用状発行銀行にします。そして、決済前に貨物を受け取るにあたり、銀行が航空会社などに対し、銀行を荷受人とし

て出荷された貨物を、輸入者あるいは輸入者が委託した通関業者に、貨物を引き渡すように指図します。これが、航空貨物引渡指図書（リリース・オーダー：Release Order）です。これを航空会社やその代理店に呈示することにより貨物を引き取ります。この場合、貨物は決済前なので銀行の担保物なのですが、これを輸入者は借り受けるという形をとるわけです。

リリースオーダー

```
RELEASE ORDER -ORIGINAL
                                          DATE :
TO: ○○○ AIR LINES COMPANY,LTD.
RELEASE OF SHIPMENT UNDER AIR WAYBILL NO.

GENTLEMEN,
YOU ARE KINDLY REQUESTED TO DELIVER THE ABOVE MENTIONED SHIPMENT
CONSIGNED TO US TO MESSRS,
OR THEIR DESIGNATED CUSTOMHOUSE BROKER WHO ARE AUTHORIZED TO SIGN
DELIVERY RECEIPT OF THE AIR WAYBILL ON OUR BEHALF.
                           YOURS VERY TRULY,


                    SIGNATURE

                    NAME OF BANK

Printed in Japan
```

　輸入者は、航空貨物引渡指図書を銀行に発行してもらうにあたり、輸入担保荷物保管証（丙号）（航空貨物用）：(AIR T/R：AIR Trust Receipt) と担保としての約束手形を差し入れます。
　その後、決済がされると、貨物はすでに引取り済みであっても、その時点で晴れて輸入者のものになります。

④ 輸入通関

1 輸入（納税）申告

　輸入にあたって、輸入者は、原則として税関長に**輸入申告書**と**納税申告書**を同時に提出しなければなりません。輸入申告は、輸入する貨物自体の申告です。つまり貨物の引取りのための申告です。もうひとつは、貨物を輸入する場合に課される関税、消費税、地方消費税などの納税申告です。したがって、輸入する場合は、この2つの申告を税関長に同時に行う必要があります。

[　　　　　　　　輸入通関の原則的なしくみ　　　　　　　　]

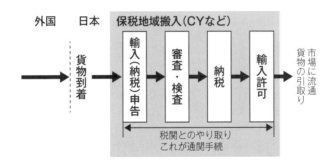

輸入申告
貨物そのもの申告（引取りのため申告）貨物の品名、数量、価格など

納税申告
輸入される貨物の関税、消費税、地方消費税などの申告

輸入（納税）申告
2つを同時にするのが原則!!

2 関税などの納税申告

　輸入の場合、輸出とは違い税金が発生します。代表的なものが関税です。関税は、例えば海外から安い農水産物などが輸入された場合、日本の農水産業が大きな打撃を受けないようにする、つまり国内産業の保護が目的に課税されます。しかし鉱工業産品を中心に、関税が無税であるものも多くあります。その一つがウイスキーです。ウイスキーは関税が無税です。しかし、いくら無税と言っても酒税、消費税、地方消費税は、課税されます。

　輸入する場合は、原則としてこれらを輸入するにあたって課税される税金を輸入者が計算し、申告します。仮にこれらの税が免税などで課税されない場合も、申告書は提出する必要があります。

　関税は、一般の輸入の場合に課税する税率のほかに、開発途上国である特恵受益国から輸入する場合に適用される特恵税率、WTO加盟国などから輸入する場合の協定税率、FTA（自由貿易協定締約国）から輸入する場合のFTA税率があります。さらには、少額貨物などのための簡易税率があります。

　これらのうち、特恵関税の適用や、協定税率の適用を受ける場合、あるいはFTA税率の適用を受ける場合は、それぞれ「**原産地証明書**」を原則として輸入（納税）申告の際に税関に提出する必要があります。特にFTAは、協定ごとに原産地規則が異なっていますので注意が必要です。また、協定によっては、原産地証明書以外の方法で原産地を証明する方法もあります。

　なお、原産地証明書の遅延により、輸入（納税）申告までに入手できない場合には、あとでお話しする「輸入許可前における貨物の引取り承認」（BP承認）を利用することができます。

Part3 ●□輸入規制と通関手続き

原産地の証明方法

証明方法	原産地証明書	原産品申告書	認定輸出者による自己証明
どのようなもの	輸出国において原産地証明書の発給について権限を有する機関が発給する。	生産者、輸出者、輸入者のいずれかが、自ら作成する申告書。 通常は、申告書に契約書・仕入書・価格表など原産地を明らかにする書類を併せて提出する。	輸出国において認定された輸出者が、インボイス上に原産地を証明するもの。
適用される場合	協定税率 特恵関税税率 FTA協定税率 などの適用を受ける場合	FTA協定のうち、オーストラリア協定のみ	FTA協定のうち、メキシコ協定 スイス協定 ペルー協定のみ

3 輸入が規制されている貨物

よく新聞などで麻薬や向精神薬を密輸し、逮捕されたという記事が出ています。麻薬や向精神薬は通常、輸入出来ないことは常識でご存知だと思います。輸入の規制については、関税法にその規定があり、さらに外国為替及び外国貿易法（略して外為法）、医薬品医療機器等法、食品衛生法、植物防疫法などにより規制されています。

❹輸入してはならない貨物

関税法には、「輸入してはならない貨物」が定められています。

これらは、税関が水際で直接取り締まることができるものです。例えば、麻薬、向精神薬、指定薬物、拳銃、爆発物、ポルノ、児童ポルノなどのほかや商標権や著作権などの知的財産権侵害物品（い

税関長の輸入許可が受けられない場合

税関長の輸入が許可受けられない場合

- ①輸入してはならない貨物（関税法）
  ※麻薬、アヘン、指定薬物、爆発物、児童ポルノ、特許権などの知的財産権侵害物品など
- ②行政法規で、輸入にあたり行政機関の許可、承認などが必要であるにもかかわらず、受けていない場合
  （例）外為法、輸入貿易管理令で経済産業大臣の承認が必要であるにもかかわらず、輸入申告時までに受けていない場合など
- ③原産地について偽った表示、誤認を生じさせる表示がある場合
- ④輸入税が納付されていない場合

わゆるコピー商品）などが挙げられます。

　たとえば、商標権の侵害物品であろう疑義商品が輸入品の中に含まれていた場合、税関は「認定手続き」と呼ばれる手続きによって、黒か、白かを判断します。もし黒であれば、「輸入してはならない貨物」に該当することになり、輸入は許可されません。

❷外為法・輸入貿易管理令

　外為法の政令である輸入貿易管理令には、輸入にあたり経済産業大臣の輸入承認が必要な場合が規定されています。「輸入割当品目」（IQ品目）と呼ばれている品目もその一つです。これらは輸入の数量制限がされているもので、輸入にあたっては、経済産業大臣の「輸入割当」と「輸入承認」の2つが必要です。この「輸入割当」

と「輸入承認」がないと、税関長の輸入許可を受けることができません。つまり、輸入はできないのです。輸入割当品目には、たら、ぶり、にしん、帆立貝、貝柱及びいかなどの水産物の一部と、モントリオール議定書に基づく特定フロンなどのオゾン層破壊物質が規定されています。

❸その他の法律

　食品衛生法は、人体に有害な直接的・間接的な物品の輸入について規定しています。食品や食品添加物のほか、食器、箸、フォーク、スプーンなどや、乳幼児が遊びに使うとき口に接触するおそれのある積み木のようなおもちゃなどが対象になっています。これらのものを輸入する場合には、「食品等輸入届出書」と「輸出国の衛生証明書」などを検疫所に提出する必要があります。

　また、「医薬品医療機器等法」（旧薬事法）では医薬品、医薬部外品、化粧品、医療機器を業として輸入する場合において、家畜伝染病予防法ではハチミツ、ソーセージ、ハム、ベーコンなどを輸入する場合などにおいて、規制があります。

　輸入をする場合には、どのような法律で規制があるかを調べる必要があります。そして、規制されている法律で行政機関の許可・承認、その他の行政処分が必要であれば、税関長に輸入（納税）申告をする前に手続きをし、許可や承認を受けておく必要があります。なぜなら、輸入（納税）申告時に許可や承認を受けていることを税関に証明しないと、税関長の輸入許可を受けられないからです。

❹原産地について偽った表示や誤認を生じる表示がある場合

　輸入する商品や包装に実際の原産地と異なる原産地が表示されて

いる場合や、誤認を生じさせる表示がされている場合には、輸入は許可されません。ただし、マカオや香港の製品については、原産地を中華人民共和国としても虚偽表示とは、取り扱わないとされています。

　誤認を生じさせる表示とは、例えばどのようなものがあるでしょう。たとえば、中華人民共和国でつくられたものである場合で、"Licensed by Italy"とされているような場合です。イタリア製だと誤認を生じさせる恐れがあります。もっとも、このような場合でも"Made in China"と正しい原産地を表す表示がきちんと目立つように表示されていれば、誤認を生じない表示と認められるでしょう。

　偽った原産地表示や誤認を生じさせる原産地表示がある場合は、それを消すか、訂正しないと輸入はできません。

4 輸入許可前貨物の引取り承認制度（BP承認制度）

　輸入（納税）申告を行った後、税関の審査・検査に時間を要する場合や、貨物が先に日本に到着したため、申告時に原産地証明書の提出ができない場合に、輸入許可前に貨物を引取ることができる制度が、関税法に定められています。

　例えば、クリスマス用品やハロウィーン用品など季節に需要が左右されるような貨物の場合、税関の審査・検査に時間がかかっては、商機（ビジネスチャンス）を逸してしまいます。このようなことを防止するために貨物が輸入許可される前に保税地域から引き取り、市場に流通させることができる制度が、輸入許可前貨物の引取り承認制度です。

ただし、著作権侵害物品や原産地を偽った表示や誤認を生じさせる表示がされている貨物などの、輸入が許可されない貨物は、この制度を利用できません。また、外為法・輸入貿易管理令の規定により、経済産業大臣の輸入承認を受けていないなど、行政法規によって行政機関の許可・承認などを受けていない貨物も同様に利用できません。

この制度を利用する場合は、税関長に承認申請を行い、輸入許可前貨物の引取り承認（BP承認）を受ける必要があります。また、承認申請の際、承認を受けようとする貨物の関税額に相当する額の担保の提供が必要です。

このように引き取られた貨物は、輸入許可された貨物のように自由に市場に流通させることができます。しかし、関税、消費税などがまだ納付されていませんから、税関の通知にしたがい納付します。納付後、正式な輸入許可を受けます。

⑤ AEO制度

　AEO（Authorized Economic Operator）制度とは、国際物流のセキュリティ強化対策と、国際物流の円滑化を目的に、関税法に規定されている制度です。

　具体的には、税関手続きに関する**法令順守（コンプライアンス）**が優れ、かつ**取扱貨物の安全（セキュリティ）**を確保している輸出入業者、通関業者、倉庫業者等にAEO業者の地位を与え、その者には通関業務上のメリットを与えている制度です。輸入に関しては、特例輸入者、認定通関業者が重要です。

❹特例輸入者と特例申告

　輸入貨物を保税地域に搬入した後、輸入申告と納税申告を同時に行うのが、大原則だとお話ししました。この例外があります。すなわち、貨物を保税地域に入れないで、輸入申告を行い、輸入許可を受け、後に納税申告を行うという方法です。

　この方法は、誰でも行えるというものではありません。輸入者としてコンプライアンスが優れ、またセキュリティ管理の優れた者に対して、その者の申請により、税関長は**特例輸入者**の承認を行います。承認の要件など具体的なことは関税法に定められています。この承認を受けた特例輸入者は、貨物が日本に到着する前に、貨物の引取りのための申告（輸入申告）ができます。そして、貨物が**日本に到着する前**に税関長の**輸入許可**を受けることができ、貨物の日本到着と同時に貨物を引き取ることができます。そして納税申告の提出と関税などの納付は、**輸入許可を受けた日の属する月の翌月末日**までに行えばよいことになっています。納税申告の原則は、輸入申

告と同時に行うのですが、特例輸入者の行う納税申告は、輸入許可後に行うことから、**特例申告**と呼んでいます。

　輸入申告と納税申告を分離することにより、その検査・審査を迅速化させることができます。

❸認定通関業者

　この認定通関業者も、税関長の認定を受けた通関業者です。

　そして、この認定通関業者に輸入通関を依頼した場合、特例委託輸入者となり**特例申告**によることができます。つまり、輸入申告は貨物を保税地域に入れないで行うことができます。もっとも税関の貨物に対する検査・審査のため、保税地域に入れなければなりません。そして輸入許可を受け、輸入許可の日の属する月の翌月末日までに特例申告を行えば良いので、その間納税が留保されます。

❹輸出入申告官署の自由化

　輸入（納税）申告は、原則として貨物を入れる保税地域の所在地を所轄する税関官署に対して行うのが原則です。ところが、特例輸入者や認定通関業者に輸入通関を依頼した特例委託輸入者の場合、平成29年秋からそのような制限は撤廃され、全国のいずれかの税関官署に対しても自由に輸入（納税）申告することができるようになります。

⑥ FTAの活用

1 自由貿易協定

FTAとはFree Trade Agreement、つまり自由貿易協定を示す語の略です。日本ではこの協定を含め、そのほかの包括的な経済活動等を行うことを前提とした**経済連携協定（EPA**: Economic Partnership Agreement）が、次々に締結されています。

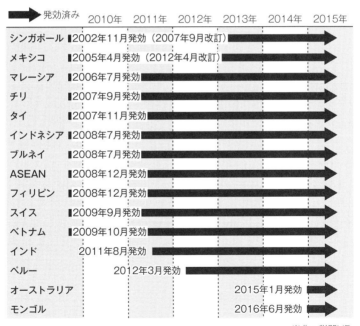

日本のEPAの進捗状況（2017年2月1日現在）

出典：税関HP

このような地域経済の活性化を促進しようとする経済圏づくりは、日本だけではなく、世界のあちらこちらで作られています。北米で1994年に発効された北米自由貿易協定（NAFTA）は、アメリカ、カナダ、メキシコの経済圏で、関税の撤廃、金融、投資の自由化や知的財産権の保護を図るものです。その他、南米では、ブラジル、アルゼンチン、ウルグアイ、パラグアイ等の経済圏でMERCOSUR（メルコスール）が、ヨーロッパではEUが、東南アジア諸国連合（ASEAN）では、ASEAN自由貿易地域（AFTA）を発足させています。

2 EPAを利用する方法

EPAを利用して輸入した場合、EPAの締約国の原産品の輸入については、締約で定めた協定税率が使用でき、一般的には通常適用される税率（MFN税率）よりかなり有利です。

たとえば、水産物をタイに輸出して加工した後、日本に輸入した場合、水産物調整品の通常の実行税率は7.2%ですが、タイEPAを利用した場合は無税になります。これを見ればわかるように、コスト削減につながる大きな関税の節減効果が見込まれます。

EPAの利用について検討する場合には、まず、**日本との締約国であるか、どうかを確認**します。

そして、輸入しようという貨物の**HSコードを特定**します。HSコードというのは、「商品の名称および分類についての統一システムに関する国際条約」に基づいた品目別の分類番号をいいます。日本では、品目コードとか、税番と呼んでいるものです。このコードは日本の場合、9桁あります。このうち、上6桁は世界共通です。さらに電子情報処理組織（NACCS）を利用する場合には、NACCS用

コード1桁がプラスされます。

　このHSコードがわかれば、タリフにより**適用税率**がわかります。ちなみに、日本貿易振興機構（ジェトロ）や税関のHPには、それぞれのEPA税率が載っています。ここで一般の税率（MFN税率）と比べ、有利であることを確認します。

　EPAを利用した方が有利だという場合には、そのEPAで定める**原産地規則**を確かめます。ここにはEPAの協定国の原産品と認められるための諸条件が決められています。これは、EPAごと、輸入する品目ごとに異なりますので注意が必要です。もし原産品と認められないという場合には、EPA協定による税率は使えないので一般のMFN税率が適用されます。

　また、輸入時において税関に原産地を証明する必要がありますが、これもEPAごとに異なります。

　実際に利用する場合には、原産地を証明する手段、例えば、原産地証明書による場合には、原産地証明書を入手しなければなりません。原産地証明書以外にもEPAによっては、認定輸出者による自己証明や、輸入者や輸出者などが行う原産品申告書による方法もあります。

Part 4

代金決済と外国為替
Story 4　決済の決裁

輸入するリスク
それは為替リスクに
常に晒されていることだ

例えば
1個10ドルで
売っている商品が
1ドル100円だと

1000円で仕入れることが
できるが
1ドル120円になれば
仕入れ値が1200円となる

これだと利益がでない
それどころかこのまま円安が
進めばむしろ赤字の可能性だって
出てくる

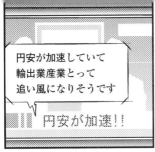

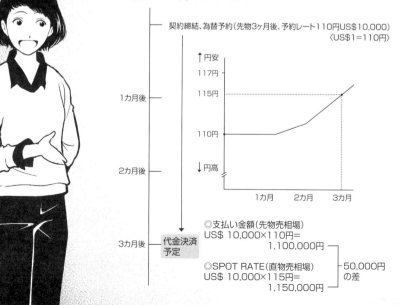

葛西さんただ…

お店が繁盛してることで新たな問題が起こっているんです

瀬戸くんどういうことだ？

商品が思った以上に売れて品薄になったので改めて輸入しようとしたんですが

予算が残っていなくて…

おい…

だから『本邦ローン』といって銀行に輸入貨物を担保に手形代金を支払ってもらい

輸入者は銀行に返済するまでは貨物を銀行から借りている形で借りている貨物を輸入者が引き取り、売却し

その売却代金を返済資金（手形決済資金）に充当しようと思っているんです

だったらそれでいいんじゃないか

それが…資金が足りないことに気づいたのが昨日で…

昨日っ——!?

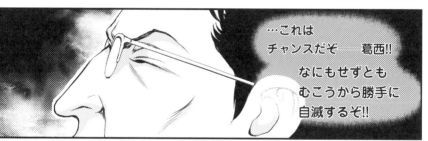

① 代金決済

　貿易取引の決済方法は、いろいろな方法があります。すでにPart.3で出てきた荷為替手形を利用した方法、また送金の方法や相殺による方法（ネッティング）などがあります。多くは、為替という「現金を用いないで決済する取引方法」を利用しています。

　この代金決済では、荷為替手形を利用した決済方法を中心にお話しします。

1 荷為替手形を利用した方法

　荷為替手形と為替手形とどう違うのかと、初心者の方はよく悩みます。この"荷"というのは、「船積書類」のことで、インボイス、海上保険証券、船荷証券（B/L）、原産地証明書、包装証明書（パッキングリスト）、重量容積証明書などです。これらの船積書類が、添付された為替手形を「荷為替手形」と呼んでいるわけです。

　そして、貿易の決済用の荷為替手形といった場合、輸入者である為替手形の支払人が、その為替手形の支払いをしたところで、船積書類が輸入者に引渡されるというしくみになります。

Ⓐ為替手形とは

　手形には、約束手形と為替手形があります。
「約束手形」は、支払人が満期日に受取人に手形代金を支払うことを約束した有価証券です。一方、「為替手形」には手形の振出人、名宛人・支払人、受取人という者が書かれています。そして、振出人が名宛人である支払人に対して、受取人に手形代金を支払ってくださいと支払い委託をしたもので、約束手形と同様に有価証券です。

次に信用状取引で輸入者に呈示される一覧払いの為替手形のサンプル（次ページ）を見てみましょう。

　この為替手形は、右上部から20xx年にサンフランシスコで振り出されたものとわかります。手形金額は左上部に数字で記載されるので、16,600米ドルです。U.S.$16,600.00の最後の.00は端数ですので注意してください。また、英文で（b）にも記載されます。

　振出人、つまり輸出者は、San Francisco Trading Co.,Ltd.です。この輸出者が信用状発行銀行であるThe Tokyo City Bank宛てに、支払いを委託しています。この場合、The Tokyo City Bankを名宛人と呼び、名宛人が支払人になります。

　では、誰に支払うよう要求しているのでしょうか。（a）をみてください。Pay toに続き買取銀行であるThe Bank of San Franciscoとあります。そして、続けてValue received and charge the same to account of 〜と書かれています。このValue receivedは、輸出者は、対価を受領済みだという意味です。つまり、貨物の代金はすでに買取銀行であるThe Bank of San Franciscoから受け取っているというわけです。だから、手形代金を買取銀行のThe Bank of San Franciscoに支払ってくれというわけです。

　さらに、Drawn under（d）The Tokyo City Bank Tokyo Branch Irrevocable L/C NO.1234 dated March ,,20xx と記載されています。これは、20xx年3月にThe Tokyo City Bankの発行した取消不能信用状NO.1234に基づいて発行された為替手形であることが、記載されています。

為替手形の基本図（サンプル）

BILL OF EXCHANGE

For U.S.$16,600.00　　　　　　　　San Francisco, April 1 ,20xx
At XXXXXXXX sight of this FIRST Bill of Exchange（SECOND of the
Same tenor and date being unpaid）Pay to 　(a)　The　Bank of San
Francisco 　or order the sum of (b) US Dollars Sixteen Thousand Six
Hundred Only
Value received and charge the same to account of 　(c)　The Tokyo
Corporation 1-1-1 Minato Chiyoda-ku Tokyo Japan
Drawn under 　(d)　The Tokyo City Bank,Tokyo Branch
Irrevocable L/C NO.1234 dated March, 20xx

To The Tokyo City Bank　　　　　Son Francisco Trading Co, Ltd
　　　Tokyo Branch
　　　　Manager（Signed）　　　　　President（Signd）

為替手形の当事者の関連図

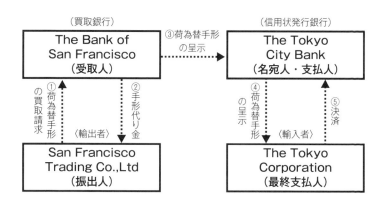

❸ 一覧払いと期限付払い

　信用状のしくみ（p.139）の中で、信用状発行銀行が送付されたこの為替手形の代金を、輸入者に請求する場面がありました（⑦）。これは為替手形が一覧払いであることを前提としています。一覧払いとは、手形が呈示されたら猶予なしに手形代金を支払わなければならない手形です。この場合、手持ちの現金でポンと支払いができればいいのですが、輸入した貨物を売却し、売却代金で決済するという場合も考えられます。

　そもそも為替手形には、一覧払い手形（At Sight手形）と期限付手形（ユーザンス手形：Usance Bill）があり、どちらを発行するかは、契約の際に取り決められ、信用状の条件にもなります。ユーザンス手形ですと、手形の支払人は手形が呈示された後（一覧後）、指定された期間後に決済をするというしくみです。例えば、at 30 days sightと書かれている場合は、支払人が手形を一覧した時点では、将来の手形の期日に支払うことを約束し、一覧後30日までに支払うという意味です。この将来の手形の期日に支払うことを約束することを「引受」と呼んでいます。

　またもう一つの例が、at 30days after B/L dateと書かれるもので、確定日後定期払いと呼ばれているものです。これは手形の引受を行い、B/L date後30日までに支払うという意味です。

　信用状付きの取引の場合、ユーザンス手形を利用することは少ないですが、信用状を用いないで荷為替手形決済をする場合には、ユーザンス手形を利用することがあります。

❹ D/P手形とD/A手形

　信用状なしの荷為替手形決済の場合は、信用状がないのですか

ら、買取銀行が荷為替手形を買取るという場面は通常ありません。ではどうやって現金化するのでしょうか。

信用状なしの一覧払い手形は、D/P手形と呼ばれます。また期限付手形は、D/A手形と呼ばれています。

たとえば、輸出者が一覧払いの荷為替手形（D/P手形）を振り出し、取引銀行に取り立ての依頼をします。今度は輸出地の取引銀行が、輸入地の銀行に取り立て依頼をし、それを受けて輸入地の銀行は、輸入者に荷為替手形を呈示します。そして輸入者が決済をしたところで、船積書類を渡します。

一方、期限付手形（D/A手形）で取り立てがされた場合、手形が呈示され、輸入者が手形の支払いを引き受けると船積書類が引渡されます。あとは、指定された期間までに支払いをすればいいわけです。このように、輸出者であるシッパーから支払いが猶予をされているので、シッパーズユーザンスと呼んでいます。つまりシッパーズユーザンスとは、銀行の信用を利用せずに、輸出者が直接、輸入者に輸入代金決済の支払い猶予を与えることをいいます。

このほか、後述の送金決済の場合の輸入代金の後払いもシッパーズユーザンスの一つになります。

❹輸入ユーザンス

では、輸入した貨物を売却し、売却代金で決済するためには、シッパーズユーザンスを使うしかないのかというと、そうではありません。銀行を利用した銀行ユーザンスを利用する手があります。

信用状取引の場合、信用状発行銀行は、すでに買取銀行への決済は終了しているのが一般的です。したがって、一覧払いの為替手形を決済できないときは、銀行から輸入者が融資を受ける形を取りま

す。これを本邦ローンと読んでいます。また、取立手形が一覧払いである場合にも、銀行から融資を受け手形決済をすることができます。これは本邦ローンと区別してB/Cユーザンスと言っています。このB/Cとは、Bill for Collectionの略で取立手形のことです。

　本邦ローンやB/Cユーザンスを利用した場合、輸入貨物は、銀行の担保物になります。この担保物になった貨物を輸入者が船会社から引き取る場合には、銀行から貨物を借り受けるという方法を取ります。具体的には、「輸入担保荷物保管証（T/R: Trust Receipt）」と呼ばれる借り受けの契約書などを差し入れます。

輸入ユーザンス

輸入ユーザンス

①銀行ユーザンス
銀行を利用した支払猶予、つまり、融資を受けて決済すること

- **本邦ローン（自行ユーザンス）**
  信用状つきの一覧払手形の決済資金を銀行に融資してもらうもの
- **B/Cユーザンス**
  信用状なしの一覧払手形の決済資金を銀行に融資してもらうもの

②シッパーズユーザンス
輸出者（シッパー）が決済を猶予してくれる

- **D/A手形**
  手形を輸入者に呈示した後、一定期間支払を猶予する手形。
- **代金後送（送金）**
  商品を輸入者が入手してからする送金。

2 電信送金及び送金小切手

関連会社などとの取引や少額の取引の決済に多く使われる方法です。輸入者にとって商品受領前に前払送金をする場合には、リスクを伴います。

❹電信送金

これは、送金者である輸入者が、輸入地の銀行（仕向銀行）に送金を依頼し、輸出者に輸入貨物の代金を支払うものです。送金の資金移動の指図と資金の流れが同じになるので、これを並為替とよび、また荷為替手形を利用した場合は、資金移動の指図と資金の流れが逆になるので逆為替と呼んでいます。電信送金は①通知払い　②口座払い　③請求払いの3つがあります。

①通知払い　輸出地の支払銀行（Paying Bank）が輸入者の送金の到着を通知し、受取人に支払うというものです。
②口座払い　支払銀行が、指定の受取人の口座に入金するものです。
③請求払い　たとえば、受取人が口座を持っていない場合に使われる方法で、送金人から連絡のあった支払銀行に受取人が出向き、支払の請求を行うというものです。

❺送金小切手（D/D：Demand Draft）

輸入者から依頼のあった銀行（仕向銀行）は、コルレス先である支払銀行宛の送金小切手を作成し、輸入者に交付します。輸入者はこの送金小切手を輸出者に渡します。輸出者は、これをもって銀行に出向き、決済します。

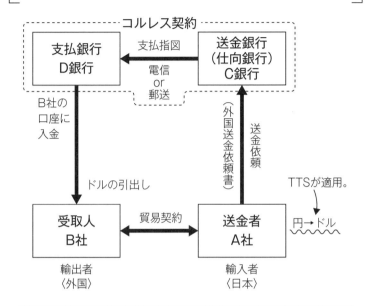

■ コルレス契約とは

銀行が外国にある他の銀行と為替取引を行うために必要な業務上の諸条件をあらかじめ定めたものをコルレス契約という。また、この相手先の銀行をコルレス先という。

3 ネッティング

多くは、商社などの本支店間取引で使われる方法で、債権・債務が相互に発生する場合に、帳簿上で債権額と債務額を相殺し、その差額のみを決済する方法をネッティングといいます。ネッティング決済によって、為替リスクと送金手数料を低減させることができます。

② 外国為替相場の基礎知識

　新聞やテレビなどでは、今日の外国為替相場は昨日に比べ、円安ドル高になったとか、円高ドル安ということが毎日報じられます。

　外国為替相場とは何のことでしょうか。これは、異なる通貨と交換する場合の**交換比率**のことをいいます。これを**外国為替レート**とも言います。この相場は、その通貨の需要と供給で決まります。円が安全な通貨と世界中から見られれば、世界中で買われます。その結果、品薄になり円の価値は上がります。これが円高です。

　外国為替市場というと、その市場はどこにあるのだろうと思うでしょう。テレビなどで映し出される市場の風景は、実は外国為替市場ではありません。通貨を売買している銀行や短資会社の風景を映しているのです。この外国為替市場という場所はありません。銀行や短資会社は、ネット回線でつながれており、このネットワークの中で通貨の売買が行われており、このネットワーク全体を**外国為替市場**と呼んでいるのです。

1 売相場と買相場

　外国為替相場には、銀行間や短資会社（為替ブローカー）との間で行われる取引があり、これは**インターバンク取引**と呼ばれています。この取引は、通貨の需要と供給で相場が変動します。この1日のうちでも相場が変化するインターバンク相場を銀行がそのまま顧客に適用していては、大変です。そこで銀行は1日のみの固定相場を定めて、対顧客相場として適用し、輸出入者はこの対顧客相場を見て銀行と取引をします。

ところで、この相場表を見ると「売相場」、「買相場」という言葉が出てきます。この「売る」、「買い」は、銀行から見た表現です。銀行が外貨を「売る」とか、外貨を「買う」という意味です。

　たとえば、アメリカ合衆国から輸入した貨物の代金をドル建てで決済する場合、輸入者は、「買相場」を見たらいいのでしょうか、「売相場」を見たらいいのでしょうか。
　輸入者は、円をドルに換えて輸出者に払います。そうすると、銀行からドルを買うことになります。これを銀行から見るとドルを売ることになるわけです。だから、「売相場」を見るのです。
　では、逆にアメリカ合衆国に輸出し、輸出代金をドル建てで決済された場合どうでしょう。
　輸出者は、ドルを円に換えようとします。つまり、銀行から見ればドルを買うことになりますから、「買相場」が適用されるのです。

売相場と買相場

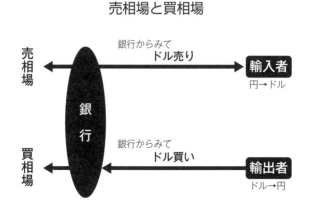

2 直物売相場と先物売相場

　対顧客相場には、**直物**（Spot Rate）と**先物**（Forward Rate）があります。直物レートとは、今現在のレートです。先物レートは、将来の相場です。

　先ほどのアメリカ合衆国から貨物を輸入した場合、円をドルに換えるとお話ししました。この場合は、「売相場」を見るのでしたね。今すぐ円をドルに換えるとなると、**直物売相場**が適用されます。

　しかし、輸入者は、直物だと為替リスクが発生すると考え、将来発生する決済のために、今のうちに為替予約をしようと考えた場合に、適用されるのが**先物売相場**です。輸入者は、受け取る外貨に対し、円の価値が高い方が有利に働きます。つまり、円高になったほうが円安の場合よりも少ない円で決済できるため有難いのです。だから、将来、円安になってもリスクを被らないように先物売相場のレートで為替予約をすることがあります。

3 対顧客相場表の読み方

❹対顧客相場仲値

　対顧客相場表を見てみましょう。

　相場表の真ん中に**「対顧客相場仲値」**があります。この相場表にあるすべてのレートの基準となるものです。このレートは、当日のおよそ午前10時のインターバンク相場の直相場を参考に決められ、通常は当日のこの相場が適用されます。外国為替相場表では、117.72円が対顧客相場仲値です。

　この仲値より上にあるのが売相場で、これらの相場は、輸入決済に関係があります。また、仲値より下にあるのが買相場で、これらの相場は、輸出決済に関係があります。

外国為替相場表(直物)

- 120.52 — **Cash Selling Rate**
  (日本円→外貨)

- 118.91 — 信用状付一覧払輸入手形
  決済相場(Acceptance Rate)

  ※メール期間金利 0.19円

- 118.72 — **TTS(電信売相場)**
  外国への送金(仕向送金)

  1円

- 117.72 — **対顧客相場仲値**

  1円

- 116.72 — TTB(電信買相場)
  被仕向送金

  ※メール期間金利 0.19円

- 116.53 — 信用状付一覧払輸出手形
  買相場(A/S Rate)

- 114.72 — Cash Buying Rate
  (外貨→日本円)

売相場(輸入) / 買相場(輸出)

※メール期間金利は金融情勢により変化する

では、輸入者側に関係のある売相場について説明しましょう。

❸TTS（電信売相場）
　輸入者が円を売り、外貨を買い電信で海外送金をする場合に適用される相場です。

　銀行からみれば、外貨を売ることになります。この場合のレートは、この表では118.72円になります。このレートは、対顧客相場仲値＋銀行のマージンです。この表から１円のマージンだということがわかります。

❸アクセプタンス・レート
　アクセプタンス・レートは、一覧払輸入手形決済相場のことです。

　このレートをお話しする前に、信用状取引の流れをもう一度思い出してください。輸出者側の買取銀行が、輸出者の振り出した荷為替手形を買取ったとしましょう。この場合、買取銀行に信用状発行銀行の口座があり、両者の銀行間の為替契約（コルレス契約）に基づいて買取と同時にその信用状発行銀行口座から資金を決済した場合を想定してください。

　信用状発行銀行の口座から引き落とした日を６月１日とします。その後、荷為替手形は信用状発行銀行に郵送され、輸入者へ呈示され、輸入者は６月12日に決済しました。この場合、信用状発行銀行は手形代金を12日間立て替えていたことになります。この立て替え期間は、ちょうど融資をしていることと同じですから、信用状発行銀行は、この期間中の金利も徴収する必要があります。

　この期間は、荷為替手形の郵送期間になるので**メール期間**と、またその間の金利を**メール期間金利**と呼びます。

Part4 ● 代金決済と外国為替

アクセプタンス・レートの構造

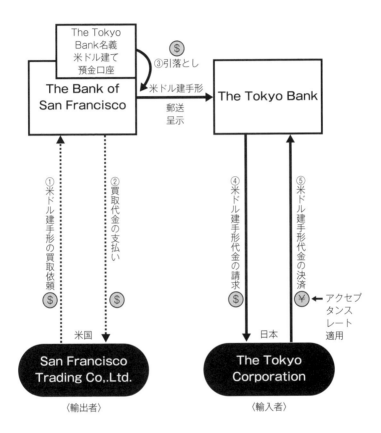

③The Tokyo Bank名義口座引落としから
⑤米ドル建手形代金の決済までの期間(→の期間)がメール期間で、その間の
　金利がメール期間金利である

対顧客相場表では、118.91円となっています。つまり、メール期間金利が1ドルにつき0.19円含まれたレートなのです。これから分かるように輸入者が手形決済をする場合、金利が自動的に上乗せしたレートが使われるのです。

❹Cash Selling Rate

このレートは、例えば、海外旅行に行くときに円のキャッシュからドルのキャッシュに両替するレートです。対顧客相場表では120.52円です。対顧客相場仲値を1ドルの仕入れ値とすれば、1ドルにつき2.8円の利益があり、Cash Buying Rateを仕入れ値とすれば1ドルにつき5.8円の利益があるということになります。

❺輸出に関係のあるレート

次に輸入の場合は、適用されませんが、買相場についても簡単に説明しておきましょう。

- TTB（電信買相場）；これは、対顧客相場仲値から1円マイナスした金額です。たとえば、国からドル建てで送金があった場合（被仕向送金）で、銀行がこのドルを購入する場合のレートです。
- A/Sレート（一覧払輸出手形買相場）；買相場でも同様に、銀行にメール期間の資金立替が発生するため、その間の金利をあらかじめ織り込んだレートです。信用状付一覧払輸出手形の買取等の場合に適用します。
- 期限付手形買相場（Usance Buying Rate）銀行が輸出者から信用状の期限付手形を買取った場合の相場です。

③ 為替変動リスクの回避

　例えば、1ドル110円だった時に5千ドルの貨物の輸入契約を行い、これを基に損益計算をしていたところ、輸入貨物の決算時には、円安に移行し1ドル117円になったとしましょう。

　当初支払は、550,000円と考えていたのですが、円安になり585,000円に跳ね上がってしまいました。このように為替変動で採算割れや利益圧迫などが起こる可能性があります。これを**為替変動リスク**と言います。

為替変動リスク

=5,000ドルの契約の場合=
輸入者

1ドル=117円
円安
1ドル110円
円高
1ドル=100円

5,000ドル×117円
= **585,000円支払**

5,000ドル×110円
= **550,000円（契約時）**

5,000ドル×100円
= **500,000円支払**

35,000円
多く支払わなければ
ならなくなった。（不利）

リスク高い

為替リスク

リスク低い

50,000円
有利になった。

※輸入者にとって円安になると、その分支払う円貨が増し、不利になる。

この為替変動リスクを回避する方法は、つぎのような方法が考えられます。

①**円建て**で取引を行う。円建てで行えば為替変動リスクはありません。

②**為替予約**を行う。将来のある時期に、あらかじめ予約されていた相場で所定金額を受け渡す契約をするやり方が為替予約です。輸入者が手形決済を行うときに円安になっていても輸入決済のための為替先物予約を行っていれば為替変動リスクは回避されます。

③**リーズアンドラグズ**（Leads & Lags）決済時期を早めたり遅らせることにより、為替リスクを回避しようというものです。

④**通貨オプション**：通貨を売ったり、買ったりする権利（オプション）を売買する方法で、主に大口取引に利用されます。

為替予約の例

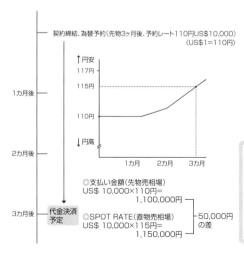

110円から115円と円安になったが、先物予約していたために、コストが安くあがったことになる。逆に円高に進んだ場合でも、採算は予約レートでみているため、為替リスクに直撃されることはない（ただし、急激な円高などが起こった場合は、不利になる場合もある）。

COLUMN 2

関税率表は、複雑怪奇？

	基 本	協 定	特 恵	暫 定
貨物 A	3%	5%	Free	4%
貨物 B	8%	6%	Free	―

　関税率表（タリフ）を見ると、一つの物品に対し、上記のように、基本税率、協定税率、特恵税率、暫定税率といくつもの税率が規定されています。実は、このほかにもFTA（自由貿易協定）を締約している国に対しては、協定で決められたFTA税率があります。

　上の基本税率、特恵税率、暫定税率は、日本の国会で決めた税率で、国定税率と呼ばれています。この中の特恵税率は、開発途上国・地域のうち、日本が定めた特恵受益国の原産品に対しての税率です。そして多くの場合、通常の実行税率よりも低い税率であるか無税です。特恵受益国以外の国定税率内では基本税率か、あるいは基本税率と暫定税率の2つが定められている場合は、暫定税率が適用されます。次に協定税率はWTO（世界貿易機関）で定めた譲許税率です。これは、WTOの加盟国や地域からの輸入について、この税率を超えて課税してはならないというラインです。

　では、仕出港も原産地もフランス（WTO加盟国）と想定して、実際に上の表でどの税率が適用されるか見てみましょう。

　貨物Aの国定税率は暫定税率の4％が優先します。協定税率と比べると暫定税率4％＜協定税率5％ですから、暫定税率の4％が適用されます。また貨物Bの国定税率は基本税率の8％です。基本税率8％＞協定税率6％ですから、協定税率の6％が適用されます。そして、もし国定税率＝協定税率となったときは、国定税率は協定税率を超えていませんから、国定税率が適用されることになります。

付録　輸入で使う貿易書類　※各書類は参考例です

①注文請書（Sales Note）
＜売主から買主への売買契約書＞

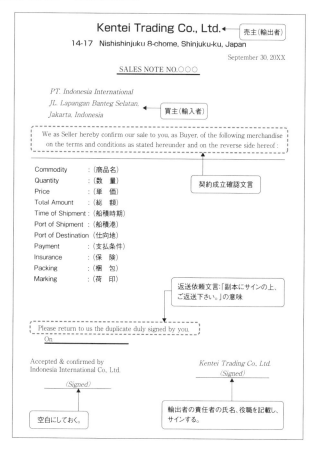

※売主が作成し、買主に渡す「契約書」が注文請書（Sales Note）です。この注文請書に買主が署名すると「契約書」になります。「Sales Contract」や「Confirmation of Order」という表題が使用される場合もあります。

②注文書(Purchase Order)
<買主から売主への売買契約書>

※買主が作成し、売主に渡す「契約書」が注文書(Purchase Order)です。

③船積通知 (Shipping Advice)

KENTEI COMPANY LTD.

14-17 NISHISHINJYUKU 8- CHOME
SHINJUKU-KU, TOKYO, JAPAN
Phone:3365-1566, Fax:3365-6516, URL:www.boujitsu.com

Sep.07 20XX

To: SUNNY FASHION CO.,LTD.
ATTN: MR.WONG
TOTAL:4 Pages including this page

RE: <u>SHIPPING ADVICE</u>

```
CONTRACT NO.    : (契約書番号)
INVOICE NO.     : (インボイス番号)
DESCRIPTION     : (商品名)
AMOUNT          : (金額)
VESSEL          : (船名)
ETD TOKYO       : (TOKYOの出港予定日)
ETA KEELUNG     : (KEELUNGへの到着予定日)
B/L NO.         : (船荷証券番号)
```

Please refer to the attached shipping documents for the details.
Thanks/Regards.

無事船積みが完了したら、輸出者は輸入者に対して船積みが完了したことを伝えます。
これが船積通知(Shipping Advice)です。

④貨物到着案内 (Arrival Notice)

貨物が輸入港に到着する際には、本船入港に先立って(同時の時も現実にはありますが)輸入港の船会社から船荷証券に記載されている通知先(Notify Party)宛てに、本船の到着をあらかじめ知らせるArrival Noticeが送付されます。

⑤荷渡指図書(Delivery Order :D/O)

```
MAUNHARF SHIPPING CO., LTD.
Agents for KL Line, Ltd.
                                        D/O No.

CARGO DELIVERY ORDER                    ORIGINAL NON-NEGOTIABLE

  To: 宛先人(CFSオペレーター)        DATE: (D/Oの作成年月日)

     Authority is hereby granted to release the following shipment to
          (荷受人(輸入者))         or their authorized agents.

  M/S:              VOY No.:              From:
  B/L No.  Marks&Nos.  Quantity  Description of Goods  Gross Weight  Measurement



                              (貨物の詳細)




                                MAUNHARF SHIPPING CO., LTD.(船会社名)
                                Agents for Busan Line, Ltd.
```

輸入者(海貨業者に委託している場合は、海貨業者)は船荷証券(B/L)を船会社に提出し、引換えに荷渡指図書(Delivery Order :D/O)を受け取ります。

⑥ボート・ノート (Boat Note)

```
                    KENTEI CHECKERS CORPORATION
                    LICENSED BY JAPANESE GOVERNMENT
         HEAD OFFICE         (KNCC)                    BRABCHES:
    IS KENTEI-FUTO SHINJUKU-KU TOKYO JAPAN
    TEL.      FAX.                                     ALL PRINCIPAL PORTS
                                                       IN JAPAN
    B/N NO.                          BRANCH
                    CARGO BOAT NOTE
```

B/L NO	MARKS & NO.	NO. OF P'KGS	STYLE	DESCRIPTION	REMARKS
JY-OOO	kT TOKYO	200	C.TNS	LEATHER JACKET	1Carton Heary Wet (20.PCS)

VESSEL .... VOY NO. ....
PORT .... ARRIVED ON .... BERTH ....
LIGHTER NO./WHARF .... HATCH NO ....

→ 1カートン水漏れ

TOTAL (200) CATONS ONLY

LANDING PLACE: (荷卸場所)
CONSIGNEE/FORWARDER

RECEIVER (荷受人側のサイン(通常は海貨業者))　CHIEF OFFICER (本船側のサイン)

RECEIVED DATE　　CHIEF CHECKER (検数業者のサイン)

FORM NO. 本書統02

貨物の荷卸時に、本船側と荷受人側の検数業者と船の一等航海士が立会いの上、何ら損傷がない状態で貨物が引渡されたかどうか、数量は不足していないかどうか等を検査した後、本船側と荷受人側双方で署名させボート・ノートを発行します。

⑦デバンニング・レポート（Devanning Report）

```
JAPAN CHECKERS CORPORATION
         TOKYO
    DEVANNING REPORT   Date:_____

Applicant (検数依頼人)
Consignee/Forwarder (荷受人／その代理人(海貨業者))
Name of Vessel _____    VOY.No. _____
Arrived at _____
Place of devanning _____   Date of devanning _____
```

Container No.	Seal No.	Port of Shipment	B/L No.	Marks	Commodity	P'kgs	Result P'kgs	Remarks
FB○○○	CN○○○	Busan	FC-○○	◇NI◇ YOKOHAMA C/TNo1/40	Leather -Jacket	40 Cartons	40 Cartons	Nil

「異常なし」の意味

Total: 55 P・kgs (in 20f×1Container (s,) 600kgs 6.22M3

JAPAN CHECKERS CORPORATION
_____ (Signed)

コンテナから取り出した貨物の数量及び状態を、検数業者が検査し、検査結果として「デバンニング・レポート」が作成されます。在来船の場合の「カーゴ・ボート・ノート」に相当します。検査の結果、貨物に異常等があった場合は、後に保険求償する際の重要証拠書類となります。

⑧インボイス (INVOICE)

```
                          INVOICE

Seller (輸出者)                Invoice No.and Date (番号及び日付)
KENTEI TRADING CO.,LTD.        ZTC-0728  Oct 7th,20XX
14-1 ,8 Chome,Nishishinjyuku,  Reference No.
Shinjyuku-ku,Tokyo,JAPAN       Order No.ZTC12222
```

Buyer (輸入者)	Country of Origin : (原産地)
	L/C No.　　　　　Date
Vessel or (船名)　On or about (おおよその出港日)	Issuing Bank (L/C発行銀行)
From (積込地)　Via (経由)	
To (仕向地)	Other Payment Terms

Marks & Nos. (荷印)	Description of Goods (貨物の種類)	Quantity (数量)	Unit Price (単価)	Amount (合計金額)
△ ZTC ZTC12222 LONGBEACH C/N NO.1-15 MADE IN JAPAN	PARTS OF CARS			
	1 Steering wheels (Of wood)	20 pcs (N/W 100kg)	US$96.00	US$1,920.00
	2 Horn button caps for wheels (Of stainless steel)	70 pcs (N/W 15kg)	US$25.00	US$1,750.00
	3 Bolts (Of stainless steel)	500 packs (N/W 20kg)	US$1.50	US$750.00
	4 Chassis springs (Of stainless steel)	2 pcs (N/W 60kg)	US$650.00	US$1,300.00
	5 Radiators (Of stainless steel)	5 pcs (N/W 0kg)	US$500.00	US$2,500.00
TOTAL: 15cartons		N/W 225kg	FOB TOKYO	US$8,220.00

（Description of Goods欄：信用状と一致させること）

KENTEI TRADING CO.,LTD.
(Signature)

インボイスは、一般に「送り状」とよばれています。ここには、輸入貨物の明細、代金等が記載されており、とくに関税、消費税、地方消費税の課税上重要な役割を果たします。

著者紹介

●**片山立志**(かたやまたつし)

1952年生まれ。東京都出身。
東京都民銀行などを経て、現在、株式会社マウンハーフジャパン代表取締役社長。
日本貿易実務検定協会理事長。
嘉悦大学経営経済学部非常勤講師。
金融法学会会員。
主著に、『図解貿易実務入門(第3版)』『グローバルマーケティング』(税務経理協会)、『改訂版絵でみる貿易のしくみ』『通関士試験合格ハンドブック』『どこでもできる通関士・選択式徹底対策』(日本能率協会マネジメントセンター)など多数。
(URL) http://www.maunharf.co.jp
〒220-8144 神奈川県横浜市西区みなとみらい2-2-1
横浜ランドマークタワー44階　株式会社マウンハーフジャパン内

編集協力／MICHE Company. LLC
シナリオ制作／葛城かえで
作画・カバーイラスト／大舞キリコ

マンガでやさしくわかる貿易実務 輸入編

2017年3月30日　　初版第1刷発行

著　者——片山 立志 ©2017 Tatsushi Katayama
発　行　者——長谷川 隆
発　行　所——日本能率協会マネジメントセンター
〒103-6009　東京都中央区日本橋2-7-1　東京日本橋タワー
TEL　03(6362)4339(編集)／03(6362)4558(販売)
FAX　03(3272)8128(編集)／03(3272)8127(販売)
http://www.jmam.co.jp/

装　　丁——ホリウチミホ（ニクスインク）
本文DTP——株式会社明昌堂
印　刷　所——シナノ書籍印刷株式会社
製　本　所——株式会社宮本製本所

本書の内容の一部または全部を無断で複写複製（コピー）することは、法律で認められた場合を除き、著作者および出版者の権利の侵害となりますので、あらかじめ小社あて許諾を求めてください。

ISBN 978-4-8207-1965-6 C2034
落丁・乱丁はおとりかえします。
PRINTED IN JAPAN

JMAM 既刊図書

マンガでやさしくわかる 貿易実務

片山立志 著　　もとむらえり 作画
四六判　216p

イメージしづらい貿易実務の流れを輸出を中心にマンガでサクサク解説！　横浜みなとみらいの貿易商社「グッドトレード」に入社した"かもめ"は、横須賀の実家で作っている「海苔」を海外に輸出するという夢を叶えるため、貿易実務のノウハウを学んでいきます。基本的な貿易の流れから、様々な取引条件、各種書類、規制、保険契約、船積み、運送まで、マンガでイメージして楽しみながら、解説部分でしっかり学べます。